J. CATHAL

# L'OCCUPATION DE LUNÉVILLE

## PAR LES ALLEMANDS

### 1870 — 1873

Préface de M. le Général FARNY

ANCIEN COMMANDANT DE LA 2ᵉ DIVISION DE CAVALERIE A LUNÉVILLE
ANCIEN COMMANDANT DU 5ᵉ CORPS D'ARMÉE

*Avec 14 photographies documentaires*

BERGER-LEVRAULT, ÉDITEURS

PARIS | NANCY
Rue des Beaux-Arts, 5-7 | Rue des Glacis, 18

1913

# L'OCCUPATION DE LUNÉVILLE

## PAR LES ALLEMANDS

### 1870 – 1873

*Tous droits de reproduction, de traduction
et d'adaptation réservés pour tous pays.*

J. CATHAL

# L'OCCUPATION DE LUNÉVILLE
## PAR LES ALLEMANDS

### 1870 — 1873

Préface de M. le Général FARNY

ANCIEN COMMANDANT DE LA 2ᵉ DIVISION DE CAVALERIE A LUNÉVILLE
ANCIEN COMMANDANT DU 5ᵉ CORPS D'ARMÉE

*Avec 14 photographies documentaires*

BERGER-LEVRAULT, ÉDITEURS

PARIS | NANCY
Rue des Beaux-Arts, 5-7 | Rue des Glacis, 18

1913

# LETTRE

## DE M. LE GÉNÉRAL FARNY

Le récit de l'*Occupation de Lunéville par les Allemands* a été publié, sous le pseudonyme Un Témoin, dans *L'Éclaireur* de Lunéville (du 4 août au 22 décembre 1912).
Après avoir lu ce récit, M. le général Farny, ancien commandant de la 2ᵉ division de cavalerie, ancien commandant du 5ᵉ corps d'armée, à qui l'auteur était inconnu, a adressé la lettre suivante au rédacteur en chef de *L'Éclaireur* :

*Versailles, 16 décembre 1912.*

*Monsieur le Rédacteur en chef,*

*L'Éclaireur, en publiant le récit de l'***Invasion en 1870*** — Journal d'un Habitant de Lunéville — a fait une œuvre méritoire. Je l'ai lu, ce récit. Vous dire qu'il m'a intéressé n'est pas suffisant. Il m'a profondément impressionné.*

*Son auteur anonyme est un Français qui a le cœur à la bonne place. Il est en même temps bon Lorrain, titre que moi aussi je puis reven-*

*diquer et que, dans la circonstance, je suis heureux d'invoquer pour justifier la présente lettre.*

*A l'époque où je commandais la 2ᵉ division de cavalerie, le maire de Lunéville me dit un jour : « Mon Général, l'Alsace, votre pays natal, est perdue pour vous ; la Lorraine vous adopte. » Le maire de Lunéville m'a fait là un grand honneur.*

*Après tout : Terre de Lorraine et Terre d'Alsace, n'êtes-vous pas les parcelles jumelles d'une même patrie, d'une même race ?*

*Rien donc de ce qui concerne* ma province d'adoption *ne peut me laisser indifférent. Voilà pourquoi le* Récit de l'Invasion en 1870 *a fait passer en moi un si grand frisson, un frisson que connaissent bien tous ceux qui ont lu ces articles palpitants.*

*C'est mieux qu'une sorte de cinéma écrit, enregistrant les événements au fur et à mesure qu'ils se produisent. L'auteur les raconte, les commente sans exagération, dans la note émue et avec un esprit critique très juste qui mérite d'autant plus d'être loué que lui-même vivait alors dans une ambiance des plus fiévreuses.*

*Pour l'édification de la jeunesse, le Récit d'un habitant de Lunéville arrive bien à son heure. Combien il a raison de nous montrer, entre autres, les officiers revenant de captivité, la rage au cœur et parlant de la Revanche dans quatre ou cinq ans pour effacer la honte de Sedan!*

*Le pacifisme, alors, était inconnu. Il est vrai que le trop fameux : « Pensez-y toujours et n'en parlez jamais » — qui fort heureusement a perdu aujourd'hui ses vertus anesthésiques — lui a singulièrement préparé les voies.*

*Il est bon que les jeunes sachent quels maux entraîne la défaite et ce qu'ont enduré leurs anciens.*

*Il est bon que les noms des Saucerotte, des Keller, des Majorelle, etc., etc., de tous ceux qui, dans ces lamentables journées, ont fait preuve d'une si belle crânerie et ont tant souffert pour atténuer les misères de leurs compatriotes, soient honorés, vénérés à tout jamais.*

*Les hommes de ma génération, qui ont vécu les jours sombres de la défaite, ont disparu de l'armée sans avoir pu entrevoir dans le lointain de l'avenir l'approche des conjonctures tant souhaitées. Mais les jeunes des générations nouvelles seront peut-être les artisans de l'œuvre de réparation et, s'il plaît à Dieu, ils feront les grandes choses que leurs aînés ont rêvé d'accomplir et qu'ils n'ont pu réaliser.*

*Et vous, jeunes Lorrains, à qui je m'adresse maintenant, s'il vous est donné un jour d'être ces artisans, n'oubliez pas qu'une nation qui honore ses morts s'honore elle-même, mais qu'une nation qui les venge se grandit.*

*Pensez alors à cet infortuné Gigant, odieusement fusillé au Champ de Mars. Pensez à Lesourd, le franc-tireur blessé, pris à Brouvelieures, puis fusillé après avoir été horriblement mutilé. Pensez à Duchêne, lâchement assassiné dans les rues de Lunéville — et faites votre devoir !*

*Veuillez agréer, Monsieur le Rédacteur en chef, l'assurance de mes meilleurs sentiments.*

GÉNÉRAL FARNY.

# INTRODUCTION

En publiant vers la fin de l'année 1912, dans le journal *L'Éclaireur* de Lunéville, le **Récit de l'invasion en 1870 et de l'occupation allemande,** je m'attendais peu au bienveillant accueil que mes concitoyens ont fait à mon travail. Les lettres, les témoignages verbaux que j'ai reçus à cette occasion m'ont été très sensibles, et la demande que de nombreux amis m'ont adressée de publier dans un tirage spécial auquel ils se sont engagés à souscrire, les articles parus dans *L'Éclaireur,* me récompense amplement de mes efforts.

J'acquiesce bien volontiers à cette demande, mais je tiens à exposer de quelle façon j'ai procédé pour écrire le **Journal d'un habitant de Lunéville.**

En dehors de notes personnelles et de souvenirs constamment entretenus dans un milieu où la guerre de 1870 était un sujet de conversation presque journalier, j'avais comme source, à ma disposition, le journal écrit à l'époque et au jour le jour, de M. Albert, ancien chef de bureau à la mairie, décédé receveur municipal en retraite. Cet excellent homme, très sympathique à tous les Lunévillois qui l'ont connu, et qui m'honorait de son amitié, était, par ses fonctions, placé mieux que tout autre pour recueillir à leur origine les documents relatifs à la question. Son journal présente malheureusement des lacunes : commencé le 7 août 1870, il s'arrête au 4 septembre pour reprendre du 22 janvier au 4 mars 1871.

J'ai pu compléter ces lacunes grâce à un mémento tenu chaque jour de la campagne et de l'occupation par M. Henry-Briel, également décédé; c'est un exposé simple, mais très précis des faits, que son fils, M. Édouard Henry, a bien voulu me communiquer.

Dans les articles parus dans *L'Éclaireur*, je me suis efforcé de conserver l'allure et les termes du récit de M. Albert, et j'ai signé *Un Témoin*.

Témoin je l'ai été, d'abord, depuis la déclaration de la guerre jusqu'au 30 septembre 1870, date de mon engagement au 86e de ligne.

Puis j'ai assisté à une partie des opérations des armées de la Loire et de l'Est et j'ai suivi et vécu cette série ininterrompue de nos revers. J'ai pu, aussi, apprécier le genre d'existence des prisonniers de guerre, étant resté en captivité pendant cinq mois — du 17 janvier 1871 au 22 juin suivant.

Rentré à Lunéville, j'ai été, de nouveau, témoin des faits qui s'y sont passés pendant l'occupation.

Enfin, j'ai intercalé dans le texte un certain nombre de notes et d'annexes qui m'ont été fournies par un de mes concitoyens. Celui-ci, qui a étudié la même question, a annoté le récit de *l'Occupation allemande* d'observations ou de pièces justificatives qui rattachent une partie des événements locaux aux événements généraux de la campagne.

Il m'autorise à utiliser ses annotations comme

bon me semblera ; on les trouvera dans le cours du récit aux points où elles ont été placées par ce collaborateur et ami.

Comme il tient à conserver l'incognito, j'ai signé celles qu'il a rédigées lui-même des initiales L. D., Léopold Duchâteau, pseudonyme emprunté aux particularités lunévilloises. Je lui réserve ainsi la possibilité d'en revendiquer la paternité, s'il le juge convenable, et le prie d'agréer mes remerciements bien sincères pour une collaboration qui ne peut qu'augmenter l'intérêt du *Récit de l'invasion*.

Lunéville, le 17 janvier 1913.

CATHAL.

# L'OCCUPATION DE LUNÉVILLE
## PAR LES ALLEMANDS

## 1870

### Attitude de la population à la déclaration de la guerre.

*Enfin ça y est!* se disent les habitants de Lunéville en apprenant, le samedi 16 juillet, la résolution prise par le Gouvernement de venger l'insulte que venait de subir la France dans la personne de son ambassadeur à Berlin ; *cette fois, on ne pourra plus reculer !*

La sous-préfecture et la gendarmerie reçoivent l'ordre de rappeler les réserves et de convoquer la garde mobile de l'arrondissement et, le 19 au soir, la dépêche impatiemment attendue de la déclaration officielle de la guerre est accueillie sans aucun effarement, plutôt avec un soupir de soulagement, par la population civile et par la garnison, qui comprend les 2º et 3º cuirassiers (Orangerie et Château), 3º et

5ᵉ lanciers (Cadets et Carmes) (1) et la 1ʳᵉ batterie du 17ᵉ régiment d'artillerie à cheval (Carmes); les 3ᵉ et 5ᵉ lanciers remplacent depuis le mois de mai les 1ᵉʳ et 4ᵉ cuirassiers partis pour les manœuvres annuelles du camp de Châlons. Ce dernier régiment était unique en son genre : coiffés encore de l'ancien casque (modèle 1832), colonel, officiers et cavaliers portaient, avec les côtelettes, la barbe en fer à cheval ; ils avaient l'aspect d'une légion redoutable.

A Lunéville, « on a la plus entière confiance dans l'armée ; la France n'a-t-elle pas les soldats les plus vaillants, conduits par des chefs glorieux ! Au surplus, on a la conviction qu'il ne s'agit que d'un duel au premier sang avec la Prusse pour avoir raison de son impertinence et de ses prétentions à l'hégémonie. » (E. HEPP, *Wissembourg*.)

La guerre est considérée comme une promenade militaire ; la Garde impériale sera à Berlin pour le 15 août.

Mais voici qu'il y a un point noir au tableau. La scène suivante a lieu place Stanislas, vers 9 heures

---

(1) Orangerie, quartier de cavalerie construit sur l'emplacement de l'Orangerie de Stanislas, aujourd'hui quartier Clarenthal ; Château, quartier installé dans l'ancien château de Léopold, aujourd'hui quartier Stanislas ; Cadets, quartier installé dans l'ancienne école des cadets gentilshommes, aujourd'hui quartier Beauvau ; Carmes, quartier installé dans l'ancien couvent des Carmes, aujourd'hui quartier La Barollière.
L. D.

du soir, au pied de l'escalier de pierre qui conduit aux appartements du général de division : au cours d'un dialogue entre le général de Bonnemains et le colonel de Lacarre du 3ᵉ cuirassiers, celui-ci confie à son chef qu' « *il n'augure rien de bon, qu'il a comme le pressentiment d'une issue malheureuse* ». Cette conversation, entendue et rapportée par deux collégiens (1), produit en ville une pénible impression.

## Départ de la garnison.

Le même jour, une batterie de mitrailleuses, venue, dit-on, de Vincennes, campe au Champ de Mars ; elle part le lendemain pour la frontière en même temps que la garnison ; les lanciers quittent la ville par le faubourg d'Einville avec les deux pelotons hors rang à pied derrière la colonne (2).

## Passages de troupes.

Jusqu'au 28 juillet, des trains de soldats de toutes armes, appartenant aux garnisons du Centre

---

(1) L'auteur et le jeune G. Bouyn, décédé commandant de recrutement.

(2) Voir Annexe n° 1.

et de l'Ouest, passent en gare de Lunéville et la population se fait un plaisir d'aller porter des rafraîchissements aux défenseurs de la Patrie, dont la plupart crient : « *A Berlin!* » en levant leur verre (1).

## Accalmie.

On est arrivé au 1ᵉʳ août et on sait que la concentration de l'armée à la frontière est terminée puisque les zouaves et les turcos s'y trouvent (un officier de zouaves originaire de Lunéville, M. Pérotel, ayant pu en informer ses parents) ; on se demande ce qu'on attend pour entrer en Prusse ou dans le Palatinat ; car, à part l'escarmouche du 25 juillet à Scheuerlendorf entre deux reconnaissances, notre armée n'a pas encore pris contact avec les Prussiens (2).

---

(1) Voir Annexe n° 2.

(2) L'auteur omet de signaler, à la date du 2 août, le départ de la division de cuirassiers.

Par lettre du 30 juillet datée de Metz, le maréchal Lebœuf, major général, avait prévenu le maréchal de Mac-Mahon, à Strasbourg, qu'il prescrivait au général de Bonnemains de se tenir prêt à partir le 2 août pour Brumath avec sa division de cuirassiers.

Le général de Bonnemains répondait au major général par une dépêche qui nous paraît curieuse, dans laquelle il lui demandait s'il devait emmener, avec ses cuirassiers, son artillerie et sa prévôté. Cette dépêche indique combien peu, en 1870, on était habitué à la liaison des armes.           L. D.

## Combat de Sarrebrück.

On attendait les événements lorsque, dans l'après-midi du 2 août, vers 5 heures du soir, la sous-préfecture affiche une dépêche annonçant que l'armée française a pris l'offensive et envahi le territoire de la Prusse après un sérieux engagement avec l'ennemi qui a été chassé de Sarrebrück.

Cette nouvelle suscite en ville un enthousiasme qui s'affirme encore par l'arrivée des chasseurs d'Afrique.

## Les chasseurs d'Afrique campent aux Bosquets.

Les 1$^{er}$ et 2$^e$ régiments, ainsi qu'un escadron du 3$^e$, débarquent du chemin de fer et campent aux Bosquets mis à leur disposition par la Municipalité ; c'est curieux de les voir s'installer et faire la popote. Les tentes sont dressées en un clin d'œil, les chassepots dont sont armés les cavaliers servent de piquets de tente et les vieux briscards font comme une razzia sur le marché aux petits cochons, la paire ne coûtant que 3 à 4 francs.

Le général Margueritte, qui se promène au milieu de ses Africains, est l'objet de la curiosité respectueuse des citoyens heureux de fraterniser avec cette troupe d'élite (1).

## Premiers revers.

Le 5 août, entre midi et 1 heure, une rumeur circule en ville : on dit que les Prussiens, après avoir attaqué l'armée française avec des forces considérables, l'ont battue.

On va aux nouvelles à la sous-préfecture et, vers 6 heures du soir, la dépêche suivante est portée à la connaissance du public :

Trois régiments de la division du général Douay ont été attaqués à Wissembourg par des forces très considérables, massées dans les bois qui bordent la Lauter.
Le général Douay (Abel) a été tué.
Malgré l'infériorité du nombre, les troupes françaises ont résisté pendant plusieurs heures avec un héroïsme admirable et, lorsqu'elles se sont repliées, les pertes de l'ennemi étaient si importantes qu'il n'a pas osé les suivre.

A ce coup inattendu, la ville est dans la consternation ; on se ressaisit un peu dans la soirée et on

---

(1) Voir Annexe n° 3.

se reprend à espérer, à la suite d'une nouvelle qui rassure l'opinion :

Le maréchal de Mac-Mahon concentre les troupes placées sous son commandement ; il occupe avec son corps d'armée une forte position et il est en communication télégraphique avec tous les corps de l'armée.

Le texte de cette dépêche est apporté aux membres de la Musique municipale (dont c'est le jour de répétition) par M. Saucerotte, adjoint au maire et président de la Société ; il est reçu aux accents de la *Marseillaise*, autorisée depuis la déclaration de la guerre.

Dans une vibrante allocution, M. Saucerotte engage ses concitoyens à ne pas désespérer et à défendre, eux aussi, s'il le faut, le sol sacré de la cité ; mais il croit fermement que l'ennemi, vigoureusement repoussé par nos valeureux soldats, ne souillera pas plus longtemps le territoire français.

La Musique joue les *Girondins* et la *Marseillaise*, puis chacun rentre chez soi plus confiant dans le sort que demain réserve à nos armes.

## Défaite de Frœschwiller.

La journée du 6 août se passe sans incident ; on est tout à la pensée que Mac-Mahon a peut-être déjà vengé la mort du général Douay.

Le lendemain, dimanche, c'est, dans la matinée, un va-et-vient entre la mairie où le scrutin est ouvert pour les élections municipales, et la gare où l'on va voir dans la salle des bagages une vingtaine de fusils à aiguille avec une demi-douzaine de casques à pique provenant, dit-on, du combat de Sarrebrück.

A 1 heure les chasseurs d'Afrique lèvent le camp et s'en vont par le faubourg de Nancy ; on est dans l'anxiété en les voyant prendre cette direction et tourner le dos à l'ennemi.

Dans l'après-midi, le bruit court que Mac-Mahon est battu à Frœschwiller. La soirée et la nuit sont pour les habitants de Lunéville semées d'émotions lugubres (1).

---

(1) Ces bruits circulaient dès le matin du 7. Dans la nuit du 6 au 7 août, le général du Barail, commandant la division de chasseurs d'Afrique, avait appris à la gare, du colonel Klein de Kleinenberg, officier d'ordonnance de l'Empereur, la défaite de Mac-Mahon (*Souvenirs du général du Barail*, 3ᵉ volume, p. 138).

A 10 heures du matin, il avait reçu de Metz la dépêche suivante :

*Le Major général au général du Barail, à Lunéville :*

Metz, 17 août, 9ʰ 10 matin.

« Partez aujourd'hui pour Saint-Mihiel avec votre division. Vous devez arriver ce soir à Nancy, demain à Bernécourt et après-demain à Saint-Mihiel. »

*Le général du Barail rédigeait l'ordre ci-dessous :*

Lunéville, 7 août.

« La 1ʳᵉ division de réserve de cavalerie et les 5ᵉ et 6ᵉ batteries

Le 8, deux dépêches officielles confirment la douloureuse nouvelle ; il en vient une troisième : c'est la proclamation des ministres qu'on affiche à la sous-préfecture et dont voici un extrait :

> Quelques-uns de nos régiments ont succombé sous le nombre : notre armée n'a pas été vaincue. Soutenons-la !
> Comme en 1792 et comme à Sébastopol, que nos revers ne soient que l'école de nos victoires ! Peuple, debout !
> Et vous, habitants du Centre, du Nord et du Midi, sur qui ne pèse pas le fardeau de la guerre, accourez d'un élan unanime au secours de vos frères de l'Est !

Loin de relever le moral de la population, la proclamation ne fait qu'accentuer l'étendue du désastre, d'autant plus qu'un train venant de Sarrebourg ramène à Lunéville un certain nombre de malades et de blessés, parmi lesquels il y a le brigadier fourrier de cuirassiers de Bonnemains, fils du général.

---

du 19ᵉ régiment d'artillerie à cheval partiront aujourd'hui à 1 heure après-midi pour aller coucher à Nancy.

« Un peloton de la 1ʳᵉ brigade accompagnera le général de division et sera rendu à 1ʰ 30 devant l'*hôtel des Vosges*. »

A 11ʰ 30, le tocsin sonnant à coups lents, sans indication de quartier, annonçait pour la première fois aux habitants de Lunéville le passage à la gare d'un train de blessés ; ces blessés continuaient leur route sur Nancy. Voir lettre du 7 août de M. Welche, maire de Nancy, à M. le professeur Simonin (*Les Ambulances de Nancy en 1870-1871*, par le professeur Simonin, p. 61) : « Des blessés sont arrivés... »

L. D.

## La Garde mobile est rassemblée au quartier des Carmes.

Mais il ne faut pas se laisser abattre, et, sur la convocation de son président, la Musique municipale se rend au quartier des Carmes où est réuni et caserné le bataillon de mobiles de l'arrondissement sous le commandement de son chef, M. Justin Brisac.

La *Marseillaise* alterne avec le *Chant des Girondins,* pendant que les parents et amis serrent la main de ceux qui vont bientôt manier le fusil, car la mobile n'est ni habillée ni armée et le factionnaire, en blouse, monte la garde avec un bâton.

## Le retour de la division Bonnemains.

On est au mardi 9.

C'est, dans la matinée, l'arrivée, par une pluie battante, de nos cuirassiers! dans quel état sont-ils! on jurerait qu'ils reviennent d'une campagne de six mois et il n'y a pas huit jours qu'ils ont quitté Lunéville!

Plusieurs officiers et un nombre important de cavaliers ont la tête bandée.

LE GÉNÉRAL DE BONNEMAINS
COMMANDANT LA CAVALERIE DE LUNÉVILLE EN 1870
(Cliché A. Grados.)

Des quatre colonels de la division Bonnemains (1), il n'en reste qu'un, celui du 1ᵉʳ régiment ; le 3ᵉ régiment a été le plus éprouvé, il n'a même plus 300 hommes, son colonel a eu la tête emportée par un éclat d'obus ; la voiture de M^{me} Bordier, cantinière, a le panneau de derrière défoncé par la mitraille.

Chaque régiment rejoint son ancien casernement.

Au moment où le dernier peloton du 3ᵉ régiment met pied à terre devant le Château, une brute, pesant au moins 200 livres et demeurant rue des Trottoirs, reproche aux cuirassiers de s'être laissé prendre leur drapeau.

A cet outrage, un brigadier répond timidement : « *Mais on ne vous demande rien ; laissez-nous tranquilles !* »

Un jeune homme prend fait et cause pour les cuirassiers : « *Vous savez bien,* objecte-t-il, *que les étendards n'ont pas été emportés en campagne !* » puis, sortant son couteau, il met en fuite la brute par son geste.

Après avoir soigné leurs chevaux, les trompettes du 3ᵉ cuirassiers vont se restaurer à l'auberge Pertus ; l'un d'eux, halluciné par la souffrance, raconte des choses incroyables, épouvantables, entre autres

---

(1) 1ᵉʳ régiment : colonel de Vandœuvre ; 2ᵉ régiment : colonel Rosetti, prisonnier ; 3ᵉ régiment : colonel de Lafussan de Lacarre, tué ; 4ᵉ régiment, colonel Billot, prisonnier.   L. D.

*qu'il a toujours la vision terrifiante de son colonel sans tête, resté à cheval pendant la charge.*

Le malheureux ne parvient pas à se rassasier et, à chaque bouchée, il répète à son voisin qui a une main bandée : « *Qu'est-ce que tu veux, mon vieux ! nous sommes trahis ! Et dire que nous n'avons pas vu un Prussien !* »

## La brigade Michel.

Elle est arrivée derrière la division de Bonnemains et campe à l'est de la ville ; on va la voir.

Le 8ᵉ cuirassiers est à l'entrée du Champ de Mars, à gauche de la grille ; il n'y a plus que moitié du régiment.

On remarque près de Tivoli un petit campement qui compte : I CAPITAINE, I BRIGADIER ET 12 CAVALIERS, C'EST TOUT CE QUI RESTE DU 9ᵉ CUIRASSIERS.

Par pitié pour ces quatorze échappés de la première charge du 6, on les a campés au Bosquet.

Comme un affreux cauchemar, la vue des débris de cette brigade produit sur les curieux une impression d'épouvante.

## Les fuyards.

Dans l'après-midi, il arrive, en ville, isolément ou par petits groupes, des soldats de la ligne, des

LE DÉPART DES MOBILES DE LUNÉVILLE
D'après le tableau de Gridel (cliché Bastien).

zouaves, des turcos ayant perdu leurs régiments ; il y a même un turco à cheval.

On les entoure, on les questionne, la plupart prononcent le mot de trahison ; ils disent qu'au lieu de courir au canon, le corps de Failly n'a pas bougé et a laissé écraser le corps de Mac-Mahon, les Prussiens étant dans la proportion de six contre un.

En attendant le passage des régiments, des braves gens réconfortent et logent les malheureux qui goûtent ainsi une bonne nuit de repos.

## Le 10 août à Lunéville.

Quelle journée lamentable ! quel désastre ! La pluie qui ne cesse de tomber ajoute encore à la tristesse générale. A 10 heures, on entend une batterie de tambours : c'est le bataillon de mobiles qui passe place du Château et s'en va par le faubourg de Viller ; une partie des hommes ont reçu des fusils et des objets de campement. Où va le bataillon ? son commandant l'emmène à Langres (1).

---

(1) Les fusils à tabatière qui armaient la garde mobile avaient été distribués dans la matinée du 10 août à Lunéville ; mais la première distribution de cartouches n'eut lieu que le 17 août à Langres (*Journal de marche du 2ᵉ bataillon de la Garde nationale mobile de la Meurthe*, p. 8 et 17).              L. D.

Les cuirassiers s'en vont aussi par Viller; ils ne savent où on les conduit.

Vers 1 heure, les corps de Mac-Mahon et de Failly, battant en retraite, arrivent en ville après avoir fourni la longue étape de Blâmont à Lunéville.

La cavalerie des deux corps campe au Champ de Mars, ainsi que le corps de Failly; le corps de Mac-Mahon, qui comprend les zouaves et les turcos, va camper sur Reehainviller.

On sait que le corps de Failly (1) ne s'est pas battu et l'on s'étonne que le 86ᵉ de ligne, qui en fait partie, présente un effectif très réduit; le lieutenant Kesternich apprend à ses concitoyens que son régiment a laissé à la frontière un bataillon pour garder le fort de Bitche.

Les trois régiments de zouaves n'en forment plus qu'un, et il en est de même des turcos. On connaît l'héroïsme que les troupes ont montré à Wissembourg et à Frœschwiller : aussi, dans la traversée de la ville, chacun rivalise-t-il de zèle pour soulager, selon ses moyens, la souffrance des malheureux.

De quelle douloureuse émotion sont saisis les habitants à la vue de ces régiments sans ordre, exténués de fatigue, la pluie augmentant encore

---

(1) Des trois divisions que comptait le corps de Failly, les 1ʳᵉ et 2ᵉ étaient à Lunéville, la 3ᵉ était à Baccarat.    L. D.

le poids du sac; les officiers, qui souffrent comme leurs hommes, n'osent plus commander; officiers et soldats marchent pêle-mêle ! Les uns et les autres ont jeté leurs schakos.

On ramasse dans les rues une certaine quantité de fusils abandonnés par des hommes qui n'ont plus le courage de les porter.

Que faire? que devenir avec une armée démoralisée? c'est ce que demande par télégraphe au ministre de la Guerre le maréchal de Mac-Mahon dont le quartier général est établi à la sous-préfecture.

Le maréchal n'a qu'une préoccupation : soustraire son armée aux coups de l'ennemi et, pour cela, la conduire rapidement sur la rive gauche de la Meuse à l'abri du plateau de Vaucouleurs.

Mais le maréchal n'a pas de carte du pays et les libraires qu'on a visités non plus : « *N'y a-t-il donc personne pouvant me renseigner sur le trajet le plus direct ?* » fait-il.

A tout hasard, le secrétaire de la sous-préfecture donne le nom de M. Déchap, géomètre-arpenteur, demeurant au n° 14 de la même rue ; l'aide de camp du commandant en chef se rend à cette adresse et la route de Bayon lui est indiquée comme étant la plus courte vers la Meuse (1).

---

(1) Voir Annexe n° 4.

## Les deux camps de l'Armée du Rhin.

#### AU CHAMP DE MARS

L'après-midi, les corvées de vivres parcourent la ville pendant que la population rend visite aux deux camps — Champ de Mars et Rehainviller.

Au Champ de Mars, à 20 mètres du parapet, on voit le 3e hussards au complet; il semble qu'il n'y manque ni un homme, ni un cheval; c'est à n'y rien comprendre, les hussards se flattant d'avoir été là-bas aux côtés des cuirassiers.

L'infanterie campe derrière la cavalerie, le parc d'artillerie est en ligne le long de la route de Strasbourg.

Le Champ de Mars forme un lac de boue dans lequel la distribution des vivres se fait péniblement; les piquets de tentes ne tiennent pas en terre et les troupes ont beaucoup de mal à allumer les feux et à s'abriter contre le vent et la pluie.

L'attitude des soldats de Failly est affligeante; en traversant leur camp, on n'entend parler que de trahison et l'on s'explique ces propos insensés, l'étonnement, la souffrance et le découragement de ces hommes battant en retraite sans avoir tiré un coup de fusil et disant que, *si on les avait fait marcher au combat, ça aurait changé la face des* choses, ils ne seraient pas là à crever de misère et de désolation.

## A REHAINVILLER

Le camp de Rehainviller présente un aspect aussi triste ; il y a des tentes à la sablière, il y en a sur des terrains récoltés dans lesquels les soldats enfoncent jusqu'à mi-jambe ; les zouaves et les turcos campent au milieu des légumes.

On apprend la mort du lieutenant de zouaves Pérotel, tué à Frœschwiller, en même temps qu'on commence à entendre les lamentations des gens de Rehainviller : *Pensez donc ! les soldats ont déterré quelques cents de navets ou de carottes pour rendre leur couche moins raboteuse. Quel crime !*

Un cercle se forme autour d'un sergent-major du 1er turcos qui donne des détails sur la bataille de Wissembourg où moins de 5.000 Français, surpris vers 8 heures du matin par 35.000 Bavarois, courent aux faisceaux et, après avoir brûlé leurs cartouches, foncent sur l'ennemi et l'obligent à reculer. Les Bavarois allaient repasser la frontière lorsque à 2 heures, une armée prussienne débouche des bois et, mettant en batterie ses nouveaux canons qui se chargent par la culasse, écrase sous une pluie de mitraille les défenseurs de Wissembourg.

Le lendemain matin, à 5 heures, le réveil sonne

et les deux corps d'armée s'ébranlent dans la direction de Bayon.

## Les Services publics ne fonctionnent plus.

A toute heure de la journée du 11, Lunéville voit arriver les traînards des 1ᵉʳ et 5ᵉ corps; vers 6 heures du soir, ils sont rassemblés et dirigés sur Nancy par le chemin de fer.

La sous-préfecture, la recette des Finances, les autres administrations ferment et ces messieurs abandonnent leur poste (1).

Que craignent-ils, puisqu'ils ne sont pas soldats?

Leur départ est diversement commenté par la population, car elle n'a pas perdu confiance; elle espère, au contraire, que le pays, répondant à l'appel du Gouvernement, se lèvera en masse et repoussera bientôt l'envahisseur.

## Dans l'abandon. Dans l'attente.

On dit les Prussiens à Sarrebourg et même à Blâmont, on s'attend à les voir d'un moment à

---

(1) Sous le Premier Empire, les préfets avaient des ordres pour se retirer devant l'ennemi. En 1870, ils n'avaient pas reçu d'ordre. Le préfet de la Meurthe, M. Podevin, qui est resté à son poste, aurait aussi bien fait d'imiter M. Bourdon, sous-préfet de Lunéville ; il aurait évité la mésaventure désagréable qui lui est arrivée. L. D.

l'autre ; une garde civique est organisée à la hâte et fait le service d'ordre sans armes.

Dans la soirée, on arrête un certain nombre d'individus qu'on croit être des espions ; on les relâche faute de preuves et aussi dans la crainte que les Prussiens n'usent de représailles s'ils en trouvent des leurs emprisonnés.

Les habitants sont dans les rues ou sur le pas de leurs portes ; ils devisent entre eux sur ce qu'ils pourront bien faire quand leurs demeures seront envahies ; ils passent une nuit d'angoisse et la plupart ne se couchent pas.

### Voilà les Prussiens !

Le vendredi 12, on voit en ville peu de paysans, seulement quelques coquetiers des villages du canton Nord ne se doutant de rien ; ils ont bientôt vendu les provisions apportées au marché.

Avant 10 heures, la place Léopold est débarrassée et les jardiniers et les marchands s'empressent de rejoindre leurs demeures respectives.

A $12^h30$, 12 éclaireurs prussiens — des hussards de la mort commandés par un officier — sont devant la mairie ; dès leur entrée en ville, ils ont été suivis par des ouvriers et des jeunes gens ; 6 de ces cavaliers avec l'officier sont passés par le chemin du Champ de Mars et la rue d'Allemagne, les 6 autres par le faubourg d'Alsace.

« *Voilà les Prussiens !* » clament les gens de la place Saint-Jacques ; ceux du Puits-Content accourent et, comme l'officier descend de cheval, un homme d'une soixantaine d'années, demeurant dans le voisinage, s'approche et lui demande : « *Sind Sie zufrieden, Herr Rittmeister ? — Très content, honoré Monsieur X…!* » répond l'officier en souriant à son interlocuteur.

Tout le monde se regarde estomaqué (1), y compris les cavaliers prussiens, et la foule encercle celui qui vient de se montrer si obséquieux devant l'étranger.

L'officier monte à la mairie ; reçu par M. Saucerotte, maire adjoint, il s'exprime en ces termes :

Monsieur le Maire,

Je suis le capitaine de Poncet, commandant le 1er escadron des hussards de la mort, au service de S. M. le roi de Prusse ; j'ai la mission de vous faire connaître que deux corps d'armée passeront ici les 14 et 15 courant ; il importe que la ville fasse immédiatement acte de soumission et que les habitants, par leurs magistrats, promettent de recevoir convenablement les soldats des armées confédérées.

Je dois exiger : 1° la remise des clés de la ville ; 2° un écrit authentique garantissant l'exécution des

---

(1) **Expression bien lunévilloise.**

promesses; 3° un repas à servir au Champ de Mars, pour les officiers et soldats de mon escorte, ainsi que cinquante rations de foin et d'avoine pour les chevaux.

M. le Maire s'exécute et l'officier sort de la mairie tenant un papier d'une main et de l'autre un coussin de velours rouge sur lequel sont fixées les deux clés dorées qui ont été présentées par la municipalité à l'Impératrice le 19 juillet 1866, lors de son voyage à Lunéville en commémoration du centenaire de la réunion de la Lorraine à la France.

Le capitaine fait du coussin et des clefs un paquet qu'il remet, avec un pli cacheté, à un cavalier et celui-ci a la consigne de porter le tout au général en chef.

Il est deux heures; le capitaine remonte en selle et le groupe de hussards de la mort va rejoindre le demi-escadron resté au Champ de Mars (1).

## Herr Professor.

Aussitôt la foule qui stationne sur la place de l'Église s'empare de celui qui a souhaité la bienvenue aux Prussiens et la conduite de Grenoble commence.

L'homme, réfugié dans un magasin, désire s'ex-

---

(1) Voir Annexe n° 5.

pliquer : « *Je n'ai pas cru mal faire*, gémit-il, *j'avais reconnu dans l'officier un ancien élève auquel je donnais des leçons de français pendant mon séjour en Prusse.* »

Et l'imprudent professeur, convenant lui-même qu'il a mal choisi son moment pour serrer la main d'un ennemi, s'en tire avec quelques huées qui l'accompagnent jusque chez lui.

### Deux retardataires.

Ils portent l'uniforme du 5ᵉ hussards et, venant du canton de Baccarat, se rendent à pied au dépôt de leur régiment après avoir terminé leur congé de semestre.

« *Mais malheureux!* leur crie-t-on dans la rue Banaudon, *les Prussiens sont ici!* » et on les fait filer par le faubourg de Viller.

### Les Hussards de la mort s'en retournent.

Pendant ce temps, les hussards prussiens prennent le repas fourni par la ville ; ils sont à l'emplacement occupé l'avant-veille par le 3ᵉ hussards français.

Après le repas, le cavalier porteur du coussin s'en va au galop dans la direction de Blâmont et, à 6 heures, les deux pelotons se replient vers le gros de l'armée qu'on suppose être encore à Sarrebourg.

## Dans l'isolement.

Le 13, la poste ferme ses bureaux, les relations cessent avec l'extérieur et la ville se trouve comme isolée du reste du pays ; on ne reçoit aucune nouvelle.

Vers le soir, on apprend par un voyageur qu'un corps nombreux a envahi Blâmont ; gare demain ! il faut s'attendre à subir toutes sortes d'affronts et d'humiliations.

## L'avant-garde.

Le 14, à 8 heures du matin, l'Administration municipale réunie à la mairie reçoit les officiers d'avant-garde et l'on s'occupe d'abord des billets de logement destinés aux officiers du corps d'armée annoncé.

A ce moment surviennent plusieurs intendants qui, sans autre forme de procès, signifient cet ultimatum : « La ville devra payer une contribution de guerre de 700.000 francs et fournir les quantités de denrées de toute nature nécessaires à l'alimentation des troupes passant ou séjournant à Lunéville. »

## La fuite du uhlan.

« *Pourquoi pas le million ?* » fait un édile que ses collègues cherchent à calmer et qui sort pour ne pas envenimer le débat.

Dans le couloir il se croise avec un officier de uhlans qui désire parler au maire : « *Que lui voulez-vous ?* » interroge le conseiller. — *Je demande que la ville de Lunéville mette à ma disposition une somme de 20.000 francs et...* »; le conseiller ne le laisse pas achever : — « *A la bonne heure, vous, du moins, vous êtes raisonnable, vous êtes meilleur marché que les autres* » et il explique au uhlan la scène qui s'est passée à côté.

L'officier n'en écoute pas davantage, il descend prestement les escaliers de la mairie et remonte à cheval suivi des deux cavaliers qui l'accompagnent.

Le conseiller, pénétrant de nouveau dans la salle de réunion, rend compte de l'entretien qu'il vient d'avoir avec l'officier : « *Foui ! che zais !* » dit le plus jeune intendant, *ils zont les escroquères !*

— *Eh bien et vous ?* »

## Mesures prises pour la nourriture de l'armée prussienne.

Et la discussion continue sur la façon dont se fera la distribution des vivres.

Finalement, on décide qu'elle aura lieu sur la terrasse, de 5 à 7 heures du soir ; le service d'intendance, assisté du personnel de la mairie, remettra à chaque caporal ou sous-officier un bon indiquant la quantité de rations par maison, d'après le nombre des soldats qui y seront logés.

Ce bon, délivré sur la double déclaration du caporal ou sous-officier et de l'habitant, permettra à celui-ci de se faire donner le pain et la viande pour les soldats logés chez lui.

La ville a fortuitement à sa disposition le contenu des magasins de la manutention ainsi qu'un certain nombre de têtes de bétail laissées par l'Administration française, et aussitôt les mesures sont prises pour que la viande et le pain soient apportés sur la terrasse en quantité suffisante.

## Les « Escroquères ».

L'enquête à laquelle il est procédé par l'intendance, à l'effet de rechercher en vertu de quels ordres a agi l'officier de uhlans, permet d'établir que cet officier est entré en ville par le faubourg d'Einville, vers 7ʰ30 du matin, à la tête d'un peloton.

Les cavaliers ont mis pied à terre à l'angle de la maison Burtin ; ils ont vidé plusieurs bouteilles de vin qui leur ont été servies par un sieur X..., celui-ci a été invité par les Prussiens à boire le premier ; un sous-officier s'est détaché du groupe pour s'assurer que le quartier des Carmes était vide : tirant son sabre, il a donné quelques coups de pointe dans la porte d'entrée.

Ce sont, paraît-il, des éclaireurs qui exploitent, pour leur propre compte, les localités qui n'ont pas encore reçu la visite de l'intendance officielle.

## Les intendants n'oublient rien.

Le reste de la matinée est employé par l'intendance à prendre possession du contenu des magasins de tabac, de l'argent des caisses publiques ; les intendants se font présenter les livres des établissements financiers suivants : recette municipale, entrepôt des tabacs, bureau de poste, caisse d'épargne, recette des hospices, perception de Lunéville ; ils en sont pour leurs frais, les comptables s'étant débarrassés des encaisses.

## L'Invasion.

A 1 heure, l'invasion commence ! Des masses énormes, dévalant à la fois par la route impériale et la ligne du chemin de fer, remplissent les rues de la ville (1).

La parole est impuissante pour exprimer l'étreinte douloureuse des habitants à la vue de cette nuée d'ennemis s'abattant sur l'infortunée cité aux sons irritants et lugubres des fifres et des tambours.

A tour de rôle, les musiques jouent des marches ou l'hymne prussien, chanté également par les soldats.

Et c'est un vacarme épouvantable de bottes frappant le pavé, de commandements d'officiers, de *sâcremenn tarteiffle* à l'adresse des hommes fatigués qui ne peuvent plus emboîter le pas. O ce pas lourd qui, avec le cliquetis des armes, résonne, comme un bruit de chaînes, au cœur meurtri des Français !

Le défilé des vainqueurs est interminable, il dure l'après-midi entière.

Au signal des chefs, tous les soldats font irruption dans les maisons sur la porte desquelles est inscrit le nombre des hommes à loger.

---

(1) XI⁰ corps (général von Bose, blessé à Frœschwiller et remplacé par le général von Gersdorf) de la IIIᵉ armée allemande. L. D.

Les habitations sont envahies : les unes en reçoivent jusqu'à 200, d'autres n'en ont pas 40 ou même 20.

L'air devient irrespirable dans l'intérieur des maisons ; de chaque chambre, transformée en corps de garde, se dégagent des relents de sueur et de saleté ; et il faut vivre au milieu de ça, mais c'est la peste !

## Sur la terrasse.

Il est 5 heures, c'est le moment de la distribution des vivres ; l'intendance en a abandonné le soin à la mairie, dont le personnel fait de son mieux pour satisfaire en même temps les exigences des Prussiens et les réclamations du public.

La viande et le pain préparés par quantités de 6, 8 et 10 rations sont rapidement enlevés.

Il y en a à peine pour 15.000 hommes, alors que les envahisseurs sont plus du double. Comme on n'a pas songé à annoncer la distribution à son de caisse, tous ceux qui se sont présentés ont été servis ; mais la moitié des habitants sont dans l'obligation de pourvoir à la nourriture des soldats qu'ils logent, et ils éprouvent de grandes difficultés à se procurer pour eux-mêmes les denrées nécessaires.

A 6 heures, il est impossible de trouver à acheter un morceau de pain ou une livre de viande.

Les soldats se conduisent à peu près bien ; on signale cependant quelques actes de brutalité et de pillage ; quant aux officiers, beaucoup d'entre eux mécontentent par leur arrogance les personnes chez lesquelles ils sont logés.

## Arrivée du Prince royal de Prusse.

Le lundi 15, jour de la fête de l'Empereur, vers 10 heures, la ville, à peu près débarrassée du corps d'armée qui a pris la route de Bayon, est de nouveau occupée par une troupe d'arrière-garde de 4.000 à 5.000 hommes formant l'escorte du Prince royal de Prusse.

Le Prince fait son entrée en ville par le faubourg d'Alsace avec une suite nombreuse comprenant des officiers de toutes armes et de différentes nations ; il a à sa droite le Prince de Hohenzollern dont la candidature au trône d'Espagne fut l'origine du conflit ; deux Anglais attirent particulièrement l'attention des curieux par leurs uniformes rouges.

Le Prince Frédéric descend à l'hôtel des Vosges et le drapeau royal est immédiatement hissé à une des fenêtres du premier étage, sur la rue de la Gare ;

il est atroce, ce drapeau, avec son immense aigle noir qui s'étale sur toute la surface!

## Les convois.

A partir de 2 heures et jusqu'à 10 heures du soir, des convois de vivres et de matériel, des véhicules de toutes sortes, conduits par des paysans alsaciens ou lorrains réquisitionnés par l'autorité prussienne pour transporter les vivres et les malades, arrivent en ville; les rues sont encombrées de voitures appartenant à des cultivateurs qui couchent dehors pour les garder; la plupart de ces malheureux se plaignent de ne pas avoir mangé depuis la veille.

Ils se plaignent aussi de ne recevoir que des horions en paiement de leurs peines et ils guettent l'instant propice de rejoindre leurs villages; quelques-uns font le sacrifice de leur attelage qu'ils abandonnent.

## Entrevue du Prince royal et du maire de Lunéville (1).

Dans la matinée du 16, M. Saucerotte fait visite au Prince royal : il expose à Son Altesse que la

---

(1) Voir Annexe n° 5.

ville est dans l'impossibilité absolue de payer une contribution de 700.000 francs ; qu'elle a déjà fait tout ce qu'elle a pu en assurant la nourriture de 40.000 hommes ; qu'elle n'est pour rien dans la déclaration de cette horrible guerre, qu'il n'est pas juste de lui en faire subir les conséquences alors qu'on ne peut s'adresser au Gouvernement dont les représentants ont quitté la ville avant l'arrivée de l'armée prussienne.

En terminant, le maire-adjoint appelle la bienveillante attention du Prince sur la façon dont se sont comportés ses administrés, puisqu'il n'y a pas eu de conflit sérieux entre les soldats et la population civile.

Le Prince royal daigne se rendre aux excellentes raisons de M. Saucerotte; il consent à exonérer la ville du paiement de la contribution à laquelle elle avait été taxée l'avant-veille.

A cet effet, il donne décharge du paiement des 700.000 francs à M. Saucerotte qu'il prie de vouloir bien remplir, avec ses fonctions municipales, celles de sous-préfet de l'arrondissement, en attendant la nomination d'un fonctionnaire de nationalité prussienne. Et M. le maire, prenant congé du Prince, se rend à la mairie et fait connaître aux membres du Conseil le résultat de sa démarche ; ces messieurs remercient vivement M. Saucerotte, dont le dévouement à toute épreuve, au cours de ces douloureuses journées, a été si utile, si indispensable aux intérêts de la ville et à ceux de ses concitoyens.

## Les Prussiens raflent tout.

Après le départ du prince Frédéric, qui a lieu vers midi, les intendants prennent possession de la manutention et des magasins à fourrages dans lesquels il existe des approvisionnements considérables de foin, de paille et surtout d'avoine ; les caveaux du château regorgent de farine et d'avoine.

Puis, ces fonctionnaires militaires font une razzia générale de toutes les marchandises qu'ils trouvent chez les épiciers et les charcutiers ; ils s'emparent également de tout le pain restant à la manutention et dans les boulangeries.

Tout ce qu'ils ramassent est transporté à la gare pour être expédié sur Bayon et sur Nancy par les voitures requises à Lunéville et dans les villages voisins.

De nombreuses réquisitions faites sur ces villages amènent des vivres, du vin et du bétail qui prennent la même direction.

Après avoir été dévalisée, la population apprend qu'un nouveau corps d'armée aussi fort que le premier doit arriver le lendemain et passer la nuit à Lunéville ; l'inquiétude est grande, l'intendance

Cliché de *L'Eclaireur*, 1912.

LES RÉQUISITIONS EN LORRAINE

(*D'après le tableau de J. Daubeil*)

déclarant qu'il n'y aura pas de distribution de vivres.

La mairie invite les boulangers à fabriquer tout le pain que les réserves de farine leur permettent de faire, afin que les habitants s'approvisionnent pour plusieurs jours.

De leur côté, les bouchers trouvent moyen de se procurer sept vaches et trente-deux moutons sauvés des mains de l'ennemi.

Mais tout cela est bien insuffisant; aussi n'est-on pas sans appréhension sur la journée du lendemain.

Et les Prussiens continuent leurs réquisitions dans les communes non occupées, celles du canton Nord qui ont subi l'invasion étant complètement dépourvues.

## La ville est affamée.

Pendant la matinée et l'après-midi du 17, des détachements de cavaliers viennent à la mairie réclamer des logements et des vivres; la mairie a bon dos, car l'intendance s'occupe uniquement de faire charger sur un nombre incalculable de voitures des milliers de sacs de farine et d'avoine sortis des caves du Château.

Vers 6 heures du soir, des troupes d'infanterie, de cavalerie et de pionniers défilent place du Château devant cinq généraux, aux sons bruyants des fifres et des musiques.

Après le défilé, les régiments répartis par quartiers envahissent les demeures particulières avec le même sans-gêne que dimanche 14, et les habitants, épuisés et obligés d'héberger cette soldatesque, font l'impossible pour chercher des vivres.

Quelle soirée et quelle nuit !

## Les Corps d'armée allemands se suivent sans interruption et se ravitaillent à Lunéville.

On est toujours sans nouvelles du dehors ; on ne reçoit ni lettres ni journaux, toutes les communications avec l'extérieur sont interrompues et on ignore absolument où se trouvent l'armée de Mac-Mahon et celle de Bazaine ; triste situation pour une ville dont la plupart des familles ont des fils sous les drapeaux.

Deux ambulances destinées à recevoir 2.000 malades ou blessés sont imposées à la ville et aménagées à ses frais au Château et à l'Orangerie.

Pendant les journées des 18, 19 et 20 août, arrivent à Lunéville et en repartent dans la direction de l'ouest, des troupes d'infanterie, de cavalerie et d'artillerie, des convois sans fin transportant des bateaux avec l'attirail nécessaire à la construction des ponts ; des médecins, des pharmaciens, des chevaliers de Saint-Jean de Jérusalem servant dans les ambulances.

Les exigences et les violences de ces nationaux divers, unis dans une haine commune de la France, provoquent des réclamations que le commandant de place se refuse à entendre.

Au cours de ces dures journées, combien de ménages d'ouvriers ont été privés de leur nourriture et combien aussi ont dû s'étendre sur le plancher pour se reposer au milieu des soldats qui s'étaient emparés des couchages !

## Un martyr.

Le 21, la ville, occupée par des troupes d'étapes et des convois, en partie casernés aux Cadets et aux Carmes, le reste hébergé chez l'habitant, passe une journée d'agitation terminée par un événement qui plonge la population dans la stupeur.

La veille après-midi, plusieurs Prussiens qui s'étaient introduits pour rapiner dans un jardin situé sur la route de Strasbourg furent surpris par le propriétaire, M. B...; celui-ci frappa avec une hachette un soldat qui fut légèrement blessé à la jambe pendant qu'un ami de M. B..., M. M..., chassait les autres en leur lançant des pierres.

Parvenus sur la route, les Prussiens poussèrent des cris de détresse et de rage qui ameutèrent leurs camarades logés dans le voisinage, et tous se mirent à la recherche de MM. B... et M..., mais ceux-ci s'étaient enfuis.

Deux passants, MM. Gigant, marchand-colporteur, et Jocquel, jardinier, effrayés des cris des soldats, se sauvèrent pour échapper à leur courroux : « *Hier sind sie! Hier sind sie!* » hurlèrent les Prussiens.

Poursuivis et saisis, les deux malheureux furent conduits devant le commandant de place, à coups de pied et à coups de poing par les brutes en fureur.

Le commandant les enferma « Aux quarante-deux marches » (1) et s'occupa immédiatement de leur procès ; il interrogea les soldats, qui jurèrent que l'un des prisonniers était bien celui qui avait porté le coup de hache.

Mis en présence des soldats, M. Gigant, désigné comme étant le principal coupable, nia avec d'autant plus d'énergie qu'il avait aperçu MM. B... et M... au moment de leur fuite.

Malgré la preuve de leur innocence, MM. Gigant et Jocquel furent maintenus en prison.

---

(1) On désigne à Lunéville, sous le nom de « Aux quarante-deux marches », un local du Château servant de prison, situé près du donjon et dans lequel on descend par quarante-deux marches d'escalier.

L. D.

Dans la matinée du 21, le bruit se répand que le tyran prussien a prononcé contre les deux prisonniers une sentence de mort.

Aussitôt, MM. Jeannequin, Duplessy, Saucerotte (1) et d'autres personnalités influentes font des démarches ; ils démontrent que leurs concitoyens arrêtés étaient en promenade sur la route quand l'événement s'est produit ; ils ne craignent pas de dire que c'est un crime de fusiller des innocents.

Mais le commandant s'écrie : « *Il faut un exemple. Gigant sera fusillé aujourd'hui même !* »

Ces messieurs font appel aux sentiments d'humanité du commandant ; ils lui dépeignent la douleur, les larmes, le désespoir de la femme et des enfants du condamné innocent, et l'officier prussien répond : « *Les soldats l'ont parfaitement reconnu, ils ont juré, et j'ai foi en leur serment. Pourquoi s'est-il sauvé s'il est innocent ? Puisque vous connaissez les vrais coupables, eh bien ! que ceux-ci se présentent ou qu'on les amène ; j'attendrai jusqu'à 7 heures ; passé ce délai, la justice suivra son cours.*

« *Je vous le répète, il faut un exemple !* »

Et le barbare congédie ses visiteurs.

Dans l'après-midi, M. Duplessy tente une seconde

---

(1) M. Jeannequin était procureur impérial de l'arrondissement de Lunéville ; M. Duplessy était curé de la paroisse Saint-Jacques ; M. Saucerotte faisait, comme nous l'avons vu, fonctions de maire.

L. D.

démarche ; il expose au commandant que MM. B...
et M... étant déjà loin de Lunéville, à Épinal, paraît-
il, il n'est pas possible de les prévenir à temps ; il
supplie le commandant de surseoir un jour ou deux
à l'exécution de la sentence.

Le terrible commandant reste inflexible et M. Duplessy s'en retourne la mort dans l'âme.

A 7 heures du soir, ordre est donné à un piquet
de six hommes, commandés par un caporal, de conduire au supplice l'infortuné Gigant.

Le martyr apparaît en haut du perron des
quarante-deux marches : sa face est tuméfiée, ses
pieds nus sont en sang, sa blouse est en lambeaux ;
on a la douloureuse impression que son pauvre corps
meurtri ne forme qu'une plaie! il n'a pas pu chaus-
ser ses pieds endoloris!!

Et c'est dans cet état qu'il va marcher au supplice!

Le funèbre cortège traverse les Bosquets par
l'allée centrale ; il est suivi d'assez loin par un groupe
de cinq jeunes gens.

Arrivés au Champ de Mars, les Prussiens prennent à gauche, vers la Ménagerie, près de laquelle
ils s'arrêtent.

Le jour commence à baisser, mais les jeunes
gens peuvent encore du parapet distinguer la dernière scène de ce drame épouvantable.

Plusieurs coups de feu retentissent et on voit les
Prussiens traîner pendant quelques mètres le corps

JOSEPH GIGANT ET SA PLUS JEUNE FILLE

(Cliché A. Grados.)

du martyr qu'ils abandonnent après lui avoir donné le coup de grâce.

De retour au Château, le caporal du peloton d'exécution est chargé de rapporter à la famille les chaussures laissées aux quarante-deux marches par celui qu'il vient de fusiller.

Le lendemain matin, par les soins de la mairie, le corps de la victime est mis en bière et transporté directement au cimetière pour éviter toute manifestation (1).

## Les Prussiens sèment la terreur.

Le 22, la ville est toujours remplie de soldats arrivés le samedi, le dimanche et le jour même.

Excités par les événements de la veille et de l'avant-veille, les Prussiens profèrent des menaces contre les habitants en continuant leurs recherches pour découvrir les deux coupables.

L'agitation est extrême; elle se traduit par des actes de brutalité envers des citoyens inoffensifs et par l'incendie du hangar Korum et de la petite maison de jardinier appartenant à l'auteur du coup de hache (2).

---

(1) Voir Annexe n° 6.
(2) Vers 8 heures du soir, le guetteur sonna le tocsin pour signaler l'incendie, et les Prussiens arrêtèrent les pompiers accourus; mais il nous semble que cette alerte était du 21 août.     L. D.

Pillage, violences de toutes sortes, meurtre, incendie, tel est le bilan de la première semaine d'invasion !

## Toute la Confédération germanique s'abat sur Lunéville.

Le mardi 23, une partie des troupes quittent la ville dès le grand matin ; elles sont remplacées par des régiments de landwehr ; arrivent également des détachements nombreux de Wurtembergeois et de Bavarois, dépendant, avant Sadowa, de l'Autriche, dont ils ont conservé les uniformes et les coiffures.

Viennent ensuite deux régiments de Saxons dont la tenue ne ressemble en rien à celle des Prussiens ; ils sont coiffés d'un schako de même forme que celui de l'infanterie française, ils portent une tunique courte et ont la capote-manteau pliée sous la patelette du sac ; leur allure paraît moins lourde que celle des Prussiens.

Cette constatation ne veut pas dire que la population est flattée de recevoir les sujets du roi de Saxe plutôt que ceux du roi de Prusse ; Lunéville a une sainte horreur des uns et des autres.

## Nouvelles menaces et nouvelles exigences des Prussiens.

L'agitation reprend dans la soirée, les soldats veulent incendier les habitations particulières de MM. B... et M..., et la mairie et l'autorité prussienne prennent ensemble des dispositions pour empêcher l'accomplissement des menaces.

On subit encore la tracasserie de l'intendance qui, sous prétexte que la ville n'aurait pas entièrement satisfait aux réquisitions ordonnées, exige d'une façon impérieuse la fourniture du complément des denrées nécessaires à l'alimentation de l'armée et dans le cas où il ne serait pas possible à la ville de s'exécuter en nature, le paiement en espèces de la valeur de ces denrées; c'est une dépense de plusieurs centaines de mille francs que l'état des finances municipales ne permet pas de faire.

Et pendant que la commission municipale déclare à l'intendance qu'elle est bien décidée à ne plus subir ses exigences et qu'elle va en référer au prince Frédéric, la population assiste à une invasion d'un nouveau genre : de nombreux troupeaux, conduits par des paysans badois, traversent la ville ; il y a près de 3.000 têtes de bétail et les ruminants sont dirigés vers les prairies avoisinant Saint-Léopold ; Lunéville devient pour l'ennemi un centre de ravitaillement.

### Les carrières de Jaumont.

Dans la soirée, une bonne nouvelle circule ; on parle d'un succès obtenu par Mac-Mahon vers Reims : deux corps d'armée prussiens auraient été exterminés dans les carrières de Jaumont et l'ennemi aurait abandonné cent canons sur le champ de bataille.

On est dans la joie, car cette victoire fait espérer une prochaine délivrance ; les Prussiens sont de plus en plus furieux contre la paisible population de Lunéville.

### Les déprédations continuent.

La ville est dans un état de malpropreté indescriptible ; l'air qu'on respire est vicié par les débris de toutes sortes et la puanteur que les Prussiens laissent derrière eux.

C'est une infection quand on pénètre au corps de garde de la mairie ; les soldats en ont souillé jusqu'aux peintures murales.

A chaque relève de la garde ou au passage d'un général, le factionnaire pousse un cri sauvage qui porte jusqu'à la rue des Capucins : « Hérâââââous !! » et le fifre de garde qui, outre son instrument, est également muni pour les sonneries d'appel d'une sorte de clairon de cuivre, annonce à 9 heures du soir le couvre-feu, exactement comme le gardeur de cochons de nos villages annonce la rentrée ou la sortie du troupeau.

Les soldats casernés dans les différents quartiers de cavalerie commettent une foule de déprédations ; ils prennent tout ce qu'ils peuvent emporter et détruisent le reste.

Les appartements des généraux sont dévalisés et le mobilier, le linge et les vêtements appartenant aux derniers occupants sont enlevés aussi bien par les officiers que par les soldats.

Les habitants sont outrés ; ils ne se gênent pas pour dire leur fait aux Prussiens et leur jeter à la face que leurs procédés sont indignes d'un peuple civilisé.

Le malheureux Jocquel est toujours détenu aux quarante-deux marches et ce que ses geôliers lui font subir de tourments et d'horreurs est inimaginable !

Depuis son arrestation, il ne s'est pas passé une heure sans qu'il n'ait été bafoué, injurié et frappé par ses bourreaux qui, sous menace de mort, l'obligent à ouvrir la bouche et crachent dedans !

Les supplications adressées chaque jour par la commission municipale n'ont aucun effet sur le cœur de roc du commandant de place.

## On entend le canon.

Le 23, également, un bataillon caserné aux Carmes se rend à la gare en chantant l'hymne prussien; on dit qu'il va renforcer les troupes qui assiègent la place de Toul.

En effet, à 3 heures de l'après-midi, par un léger vent d'ouest, on entend le canon; on se bat à Toul, probablement, et les cloches de Saint-Maur et de Saint-Jacques qui sonnent en mort mêlent leurs notes lugubres au bruit du canon.

Phalsbourg, paraît-il, tient toujours bon et, cependant, il n'y a que des mobiles de la Meurthe pour défendre la ville.

Marsal a dû se rendre après un bombardement de deux heures; sa garnison se composait d'une compagnie hors rang et d'un seul artilleur : le gardien de batterie !

On a de vagues renseignements sur la situation de Strasbourg, on sait seulement que la ville est bloquée par une armée badoise.

## Exploit des Bavarois.

Le 24, les troupes arrivées la veille ainsi qu'une bonne partie de la landwehr quittent Lunéville ; il passe, par petits détachements, des Bavarois et des Wurtembergeois qui se ravitaillent à Saint-Léopold.

La garnison comprend à ce jour un bataillon d'infanterie, un escadron de dragons de la landwehr, une compagnie de grenadiers badois et les services prussiens de l'intendance et de l'ambulance.

Un bataillon bavarois, arrivé à 10 heures du matin et déjà logé chez l'habitant, reçoit l'ordre de partir sur Nancy avec trois jours de vivres.

La conduite des Bavarois est aussi méprisable que celle des Prussiens, sans doute par représailles du 4 août, les Bavarois ayant laissé plus de 2.000 des leurs sur le champ de carnage de Wissembourg.

En passant au bas de la ferme de Léomont, ils commettent un acte de cruauté inqualifiable : un garçon de la ferme qui laboure un champ leur sert de point de mire ; une escouade tire dessus, un cheval est tué et les balles sifflent aux oreilles du paysan qui se sauve pour se mettre hors de la portée des projectiles.

Quelques jours auparavant, la ferme de Léomont avait été pillée par un régiment en marche sur Nancy; il en a été de même des villages traversés par l'armée prussienne.

La journée finit sans qu'on ait confirmation du succès annoncé la veille.

## C'est la misère.

Le jeudi 25, il arrive encore quelques troupes qui tombent complètement à la charge des habitants, l'intendance ayant décidé que les vivres qu'elle a fournis aux soldats ne devaient pas être utilisés pendant leur séjour à Lunéville.

Les habitants n'en peuvent plus, le travail ayant cessé dans les ateliers; il règne déjà une grande misère et la ville, pour l'atténuer dans la mesure de ses moyens, emploie un certain nombre de malheureux pour le service de la salubrité; elle fait aussi des distributions de pain fabriqué avec des farines laissées par l'Administration militaire française et dont elle s'est emparée avant le 14 août.

Les réquisitions et les demandes adressées à la ville par les ambulances et la garnison se multiplient sans cesse; les Prussiens se montent et s'organisent comme s'ils devaient occuper le pays pendant longtemps.

Si cela doit continuer, c'est la ruine pour la ville et ses habitants.

Mais on a confiance, car, vers le soir, on apprend, par des informations venant de Saint-Dié, que Mac-Mahon se trouve au camp de Châlons à la tête d'une armée formidable de plus de 300.000 hommes et qu'il va offrir aux Prussiens une bataille décisive qui délivrera enfin le pays.

La nouvelle est officielle, dit-on, plusieurs personnes l'ont lue sur un journal apporté de Saint-Dié.

## Mise en liberté de M. Jocquel. Retraite de M. Saucerotte. Enlèvement du drapeau de la mairie.

Le malheureux Jocquel est enfin rendu à la liberté après cinq jours d'atroces souffrances ; c'est miracle qu'il soit encore vivant.

M. Saucerotte, maire adjoint, se retire ; il déclare que les dures épreuves par lesquelles il est passé ont ébranlé sa santé et qu'il ne se sent plus les forces suffisantes pour assumer plus longtemps une aussi lourde charge ; les conseillers renouvellent leurs remerciements à M. Saucerotte. Ils garderont tous le souvenir du dévouement qu'il a montré depuis le début de la guerre.

A 9ʰ30 du soir, un officier de la landwehr apporte à la mairie l'ordre de descendre le drapeau tricolore et le concierge reçoit des mains de l'officier un billet ainsi conçu :

Ordre est donné à l'officier porteur de la présente de faire descendre immédiatement le drapeau tricolore de la mairie et de me l'apporter.

La mairie sera indiquée par un drapeau blanc qui sera placé de suite.

26 août 1870.

Von Gauby, *Oberst-Lieutenant.*

Pauvre vieux drapeau de tôle, peint et repeint à chaque changement de régime ! Tu as su résister à cinq révolutions et il faut que ce soit un ennemi de la France, un Prussien, qui t'arrache du poste que tu occupes depuis plus de soixante années !

Le serrurier de la ville requis de faire la triste besogne, procède dans l'obscurité au descellement et à la descente du drapeau, et le landwehroffizier, fier de sa conquête, fait transporter le drapeau chez le commandant des étapes par deux soldats encadrés d'un détachement en armes ; l'officier ouvre la marche, se rendant à la gare où les bureaux de la Commandature sont provisoirement installés.

LA GARE DE LUNÉVILLE EN 1870

(Cliché A. Grados.)

## Alternatives d'espérance et de découragement.

Le samedi 27, on apprend la nomination de deux gouverneurs prussiens, l'un administrant l'Alsace, l'autre la Lorraine. Quelle humiliation ! (1)

Pendant toute la matinée, des officiers et des sous-officiers se succèdent à la mairie, présentant des réquisitions de vivres et d'objets de toute nature, et, vers midi, des pillards ramènent à Lunéville huit chevaux volés à la ferme de Léomont.

A 1 heure, une personne venant de Nancy communique la copie d'une dépêche qu'elle rapporte : *Le maréchal Bazaine annonce une victoire complète, il a repoussé les Prussiens jusqu'aux environs de Vic, leur prenant 36 bataillons.*

La bonne nouvelle, colportée de bouche en bouche, est bientôt connue de la ville entière, la joie est peinte sur tous les visages ; enfin, l'heure de la délivrance approche (2).

---

(1) Voir au *Moniteur officiel* du Gouvernement général de la Lorraine du 8 septembre 1870 les proclamations du gouverneur von Bonin relatives à la composition de la province de Lorraine et à son entrée en fonctions.

(2) Il circulait également à Nancy, le 27 août, une dépêche ainsi conçue :

« Dépêche officielle 26 août, grande bataille entre Bar-sur-Aube et Chaumont. Victoire complète, 80.000 prisonniers, artillerie bavaroise détruite.

« Signé : Mac-Mahon. »

Elle était censée venir d'Épinal.   L. D.

Ce qui permet d'ajouter foi à la nouvelle, c'est qu'un convoi de matériel d'artillerie. entré par le faubourg de Nancy, traverse la ville dans le plus piteux état, se rendant à Haguenau (1); le troupeau de bœufs parqué près de Saint-Léopold rebrousse chemin au lieu d'aller en avant.

Le dimanche 28, on parle, dès le matin, d'une bataille livrée près de Commercy, on la dit gagnée par nous; mais un peu plus tard, on apprend que la dépêche est apocryphe, ainsi que celle de la veille. Amère déception !

Dans l'après-midi, le commandant Gauby envoie à la mairie, pour être affichés en ville, des placards imprimés en français et en allemand et ainsi libellés :

Publication d'après l'ordre de S. M. le Roi de Prusse.
Le commissaire pour l'administration des contributions directes et indirectes dans les parties de l'Alsace et de la Lorraine occupées par l'armée allemande,
Décrète ce qui suit :
Abolition des bureaux de douanes ;
Entrée libre des marchandises de provenance allemande ;
Le commerce du tabac est libre ;
Les employés chargés de la perception des impôts continueront leurs fonctions ;

---

(1) Le convoi comprenait probablement le matériel à réparer à la suite des batailles des 14, 16 et 18 août autour de Metz. L. D.

Les contributions directes seront comme toujours payées par terme chez le percepteur ;

Enfin le paiement des dépenses ordonnancées se fera comme toujours et l'excédent des recettes sera versé dans une caisse désignée par l'autorité prussienne.

Daté de Nancy, 26 août.

OLBERG.

La lecture du placard plonge les patriotes dans la consternation : « *Ça y est!* gémissent-ils, *nous voilà déjà Prussiens!* »

Sur le soir, le bruit court que l'instituteur de Gerbéviller, M. Maldidier, a été écroué aux quarante-deux marches pour avoir intercepté le télégraphe ; à en juger par ce que les autres ont enduré, on se demande ce que va devenir le malheureux. Mais, le lendemain 29, M. Maldidier est relâché, l'acte qui lui est reproché n'étant pas prouvé.

Phalsbourg n'est pas décidé à ouvrir ses portes ; une sortie des zouaves réfugiés dans cette ville au moment du passage de l'armée de Mac-Mahon aurait été heureuse ; d'après des on-dit, les zouaves auraient tué beaucoup de monde aux Prussiens.

Les journaux qu'on peut se procurer par Saint-Dié enregistrent des nouvelles si contradictoires qu'il est permis de douter de tout, témoin le fait suivant extrait du *Figaro* du 26 août : *Lunéville est encombré de malades et de blessés, les maisons en regorgent, les rues en sont pleines,* alors que, tant à l'hôpital qu'aux ambulances du Château et de l'Orangerie, il y a environ six cents malades ou blessés, presque tous prussiens; les soldats français en traitement à Lunéville sont emmenés en Allemagne avant leur guérison.

C'est de la cruauté de la part des Prussiens qui se moquent de la convention de Genève à laquelle ils ont adhéré, comme ils se moquent du droit des gens, car ils prennent possession de toutes les voitures et de tous les chevaux rencontrés en ville pour les affecter au transport des fourrages nécessaires à la nourriture de leurs troupeaux parqués à 6 kilomètres de Lunéville.

## Réouverture de la poste.

Des employés prussiens s'installent au bureau de poste à l'angle de la Grande-Rue et de la rue Hargaut pour réorganiser le service dont profiteront les particuliers, pour leurs affaires seulement, avec Nancy et l'arrondissement (1).

La gare est occupée par le commandant des

---

(1) Voir l'avis du 8 septembre de l'administrateur des Postes Rosshirt, inséré au *Moniteur officiel* du 8 septembre. C'est dans cet avis que figure la nomenclature des timbres, aujourd'hui très recherchés par les collectionneurs, dits « timbres de l'occupation ».

L. D.

étapes; le chemin de fer et le télégraphes ont exclusivement réservés à l'usage des vainqueurs.

## Les trains circulent en tous sens jusqu'à Toul.

Le 30, cinq régiments de nationalités différentes passent en gare de Lunéville; des trains de malades et de blessés, emmenant aussi quelques prisonniers français faits dans les hôpitaux, se dirigent vers l'Allemagne; les plus malades des hommes sont descendus à Lunéville.

## Le typhus guette la ville.

La ville est de plus en plus sale, des tas énormes de débris de toutes sortes séjournent devant les maisons; le nettoyage des rues ne se fait plus, les boueurs étant dans l'impossibilité d'accomplir leur besogne puisque les Prussiens se sont emparés de vive force de leurs chevaux et voitures.

La température se refroidit légèrement, il est désirable que le vent d'est qui souffle disperse les miasmes qui se dégagent des amas de décombres.

## La landwehr.

Les réquisitions pleuvent toujours sur la mairie; la dernière concerne les objets de toilette : serviettes en nombre égal à celui des hommes de la garnison, savon, brosses, etc., etc.; cela, parce que la landwehr comprend beaucoup de soldats appartenant à la classe élevée : rentiers, avocats, propriétaires.

Ces gens-là ne sont pas enthousiastes de la guerre et la plupart sont embusqués; ainsi, le directeur d'un grand théâtre de Berlin est caporal préposé à l'éclairage du corps de garde de la mairie et des bâtiments militaires.

Aucun de ces Teutons à lunettes dorées ne demande à partir en campagne.

## Les Prussiens deviennent de plus en plus exigeants.

Le commandant Gauby donne des ordres pour l'enfouissement des bêtes mortes, le maintien en bon état des routes, chemins, ponts, le placement de poteaux-indicateurs en allemand; il signifie à la ville de prendre désormais à sa charge la nourriture et le logement des troupes de passage.

Le gouverneur de Lorraine s'en mêle aussi; n'exige-t-il pas qu'on lui expédie à Nancy tout ce qui peut être ramassé à Lunéville et aux environs pour l'entretien de l'armée allemande? Mais la commission municipale, à la tête de laquelle se trouve maintenant M. Majorelle, deuxième adjoint, répond que la ville n'a plus aucunes ressources et que l'administration prussienne percevant les impôts, c'est à elle qu'incombe la charge de nourrir ses soldats.

## Vers Toul.

La journée du 31 est marquée par le passage de pièces de gros calibre dirigées sur Toul ; les Prussiens voulant, coûte que coûte, s'emparer de la place afin d'avoir libre accès sur toute la ligne du chemin de fer (1).

Le 1ᵉʳ et le 2 septembre, il passe sans cesse à la gare des trains de matériel et de troupes ; on dirait que les Prussiens font des levées en masse, les soldats paraissant tous très jeunes, seize à vingt ans.

## L'annonce du désastre.

Samedi 3 septembre, journée affligeante du matin au soir.

De tristes nouvelles concernant Strasbourg cir-

---

(1) Pièces de siège prises à Marsal et amenées devant Toul par les Allemands à la suite de deux tentatives infructueuses qu'ils avaient faites, le 16 et le 23 août, contre la place avec de l'artillerie de campagne.   L. D.

culent de bonne heure; on les puise dans une feuille publiée à Épinal : l'ennemi, y est-il dit, a l'intention de détruire entièrement la ville par l'incendie.

A 10 heures, l'autorité prussienne reçoit par télégraphe de la gare une dépêche qui est ainsi traduite en français :

« Bataille livrée le 2 à Mac-Mahon; Napoléon s'est rendu à Sedan ainsi que 80.000 hommes qui se trouvaient avec lui. »

La joie de l'ennemi est délirante; des hourras frénétiques partent de toutes les fenêtres des quartiers.

La population, un instant abasourdie, se ressaisit; commentant le texte de la dépêche, elle devient incrédule : « *Qu'est-ce que c'est que ça? s'écrie-t-on. Napoléon s'est rendu à Sedan avec 80.000 hommes, c'est clair; Napoléon s'est dirigé sur Sedan avec son armée; et puis, est-ce qu'on peut prendre 80.000 hommes? La plaisanterie vient des Prussiens, elle est trop lourde, c'est comme eux; il n'y a qu'à attendre les événements !* »

# SEDAN

## L'effondrement.

« *Mais non! mais ce n'est pas possible! on ne prend pas 80.000 hommes comme on prend des goujons d'un coup de filet! Il faut que j'en aie le cœur net! Qui vient avec moi chez le Gauby? il ne me fait pas peur!* » Ainsi parle avec animation un vieil officier retraité.

Deux amis l'accompagnent à la Commandature : « *Colonel!* fait l'officier s'adressant au commandant des étapes qui a rang de lieutenant-colonel, *nous nous permettons de vous demander ce qu'il y a de vrai dans cette dépêche énigmatique, monstrueuse dans son ambiguïté : Napoléon s'est rendu à Sedan avec 80.000 hommes!* »

Von Gauby répond : « *La nouvelle me semble, à moi aussi, tellement extraordinaire que je n'y crois qu'à moitié, bien qu'elle nous ait été transmise de Nancy par notre service télégraphique, mais...* »

— *Cela suffit!* interrompt l'officier français, *vous reconnaissez vous-même que la chose est incroyable, c'est-à-dire impossible; c'est encore une mauvaise blague qui nous est faite!* »

Les trois visiteurs, en se retirant, se croisent avec un capitaine d'état-major prussien qui, descendant du chemin de fer et prenant les civils pour des personnages officiels, leur apprend qu'il est envoyé à Lunéville par le préfet, dans le but de s'assurer, avec le commandant des étapes, de l'état d'aménagement des bureaux de la sous-préfecture, puis il garantit l'authenticité de la dépêche : « *Napoléon, dit-il, a bien été fait prisonnier à Sedan avec toute l'armée du maréchal de Mac-Mahon.* »

Quel déshonneur ! Quel effondrement !

La terrible vérité est rapidement connue de la ville entière ; on s'arrête mutuellement, on s'interroge, on gémit sur les malheurs de la patrie, l'abattement est général.

Cependant, dans la soirée, comme on n'a pas de détails sur la catastrophe, quelques citoyens veulent encore douter ; ils ne peuvent se faire à l'idée qu'une armée de 80.000 hommes se soit laissé prendre. « *Attendons à demain ! tout n'est peut-être pas perdu !* » font-ils, cherchant à se mentir à eux-mêmes.

Vain espoir ! car le dimanche 4 septembre, à 9 heures du matin, le commandant de la garnison rassemble les troupes et, après les avoir passées en revue, leur *annonce que les faits de guerre dont elles ont eu connaissance la veille sont attestés par une dépêche signée de S. M. le Roi de Prusse, que la grande victoire de Sedan permet d'avoir une solution prochaine et qu'avant peu les soldats des armées confédérées pourront rentrer dans leur patrie, dans leurs familles.*

L'allocution du commandant d'armes est accueillie par de formidables hourras.

Le doute, hélas! n'est plus possible.

## La République est proclamée.
## Les Volontaires de 1870.

Le 5, à l'aurore, un individu venant de Rambervillers apporte la nouvelle de la déchéance de Napoléon et de sa dynastie et de la proclamation de la République. Les journaux du 3 qu'il a pu se procurer publient que le corps d'armée du général Félix Douay (frère du général Abel Douay tué à Wissembourg) serait en route pour aller dégager Strasbourg.

Les visages s'illuminent; la nation, désormais maîtresse de ses destinées, va former d'innombrables légions de combattants qui, se jetant tête baissée dans les carrés ennemis, repousseront l'envahisseur aux cris répétés de : Vive la République !

Et les patriotes courent à la défense du pays. Le nombre en est grand des Lunévillois, jeunes gens, pères de famille, qui partent s'engager à la mairie d'Épinal.

## Passage des prisonniers de Sedan.

Au milieu de la tristesse générale une lueur d'espoir brille par cet exode de tout ce que Lunéville compte de valide.

Pourquoi s'assombrit-elle ?

Hélas ! c'est l'annonce du passage des trains de prisonniers de Sedan.

Le 7 septembre, arrive le premier convoi dans lequel se trouve M. Seligmann, sous-intendant de Lunéville (1).

Dans quel état de misère sont les prisonniers ! Ils racontent qu'après être restée quatre jours « au camp de la mort » dans la boucle de la Meuse, l'armée de Mac-Mahon a été mise en wagons à destination de l'Allemagne comme des troupeaux de moutons.

---

(1) M. Seligmann Luy, très connu à Lunéville où il habitait en 1870 la maison Weymüller, est ce sous-intendant de la division de Bonnemains qui, le soir de Sedan, vers 4 heures, chargea, pour sortir de la ville par le faubourg de Goulier, avec des débris du 1er et du 3e cuirassiers ralliés par le commandant d'Alincourt.

Dans cette charge qui fut très meurtrière, M. Seligmann était armé d'un piquet de tente (*Revue d'Histoire*, décembre 1906, et *Revue de Paris*, 15 septembre 1906).

M. Seligmann, fait prisonnier, fut emmené à Mayence. L. D.

Des fourneaux sont installés sous les hangars de la petite vitesse et des boissons et des aliments chauds servis à nos pauvres soldats ; des citoyens dévoués se remplacent nuit et jour pour assurer un service permanent et soulager la souffrance des prisonniers ; la cuisine est préparée par de vaillantes femmes, mères de famille ou jeunes filles.

## Les Évasions.

Le 8, cinq trains de prisonniers, emportant 3.500 Français en captivité, se succèdent à la gare de deux heures en deux heures ; il pleut à verse et la plupart des soldats sont entassés dans des wagons à découvert. D'intrépides citoyens organisent aussitôt un service d'évasion et, malgré la surveillance des sentinelles placées sur les quais et aux deux passages à niveau de Menil et du Chaufour et encore devant chaque wagon ou dedans, on compte le premier jour plus de cinquante prisonniers qui parviennent à se sauver.

Le 9, à la stupéfaction des assistants, le général de Brauer descend tranquillement d'un train de prisonniers ; l'étonnement redouble quand on le voit sortir de la gare, l'épée au côté (1).

---

(1) Une des clauses de la capitulation de Sedan spécifiait que les officiers qui donneraient leur parole de ne plus servir contre l'Alle-

Le général ne s'évade pas, il se résigne : prisonnier sur parole, il va retrouver sa famille qui n'a pas quitté Lunéville.

Dans l'après-midi du 10, on signale un train composé uniquement de voitures de voyageurs ; il ne renferme que des généraux parmi lesquels on reconnaît le général de Bonnemains et des officiers supérieurs appartenant presque tous aux zouaves, turcos et chasseurs d'Afrique ; le colonel de Galliffet est du nombre.

Le soir, entre en gare un train d'une longueur démesurée ; il a près de cinquante voitures ou wagons. Les patriotes sont à leur poste, ils ont l'œil sur les sentinelles auxquelles, pour avoir l'accès des quais et des wagons, ils offrent du tabac et des cigares.

Elle est typique dans sa simplicité l'évasion du lieutenant-colonel d'artillerie Minot, réussie par M. Masson, serrurier, rue de Metz.

Ce brave homme qui s'est muni d'un manteau et d'une « gourde à schnick », passe celle-ci au faction-

---

magne pendant la guerre, conserveraient leur liberté, leurs armes et leurs bagages. Le général de Brauer donna sa parole. Avant de rentrer à Lunéville, il fut autorisé à s'arrêter à Nancy où habitait la famille de son frère, le général de Brauer commandant la 1re brigade de la 4e division du 3e corps de Metz. La présence, le 9 septembre au matin, à Nancy d'un général français en armes, produisit une émotion très vive dans la ville (*Journal d'un habitant de Nancy en 1870-1871*, p. 172, L. LACROIX).     L. D.

LA PROPRIÉTÉ BRISAC

(Cliché T. Henry.)

naire en même temps qu'il jette le manteau sur les épaules du colonel, lui enlève son képi et lui donne la casquette d'un ouvrier auquel il remet en échange le képi du colonel.

M. Masson est gardien de la propriété Brisac, actuellement occupée par une demi-douzaine de Prussiens, en attendant qu'elle le soit par la commandature.

Dirigé par M. Masson vers une fenêtre du jardin Brisac, le colonel l'enjambe prestement : il a sous la main des vêtements d'ouvrier, et, dix minutes après son arrivée, il est présenté aux Prussiens comme le frère du gardien du château.

Le lendemain *les deux frères,* ayant chacun une gaule sur l'épaule, souhaitent le bonjour aux hôtes du château et l'un d'entre eux répond : « Pône Pêche ! »

Arrivés à Moncel, *les deux frères* se quittent en s'embrassant et le colonel Minot part en voiture par Baccarat et Rambervillers reprendre son épée pour la défense de la patrie (1).

Des trains de prisonniers passent journellement à la gare et les sentinelles redoublent de vigilance pour empêcher les évasions ; l'accès des quais est interdit aux habitants, mais le brassard de la convention de Genève permettant de pénétrer à l'inté-

---

(1) Voir Annexe n° 7.

rieur de la gare, les patriotes s'empressent de le porter et continuent à favoriser la fuite des soldats français.

De nombreux malades et blessés de Sedan sont descendus à Lunéville et les ambulances et l'hôpital deviennent insuffisants.

## Proclamation de Jules Favre.

Le 13, dès 7 heures du matin, des rassemblements se forment devant une affiche apposée au mur de la mairie ; c'est une proclamation de Jules Favre dont voici la phrase principale : « *Nous ne céderons ni un pouce de notre territoire, ni une pierre de nos forteresses.* » On ne cherche pas à savoir le nom de celui qui n'a pas craint de placarder ce texte énergique à quelques pas du poste ; l'auteur de ce coup d'audace est un brave.

Et ce qu'il y a d'extraordinaire, c'est que les hommes de garde qui voient les rassemblements ne songent pas à en connaître la cause. Aucun d'eux ne lit le français sans doute, et l'affiche est considérée par les Prussiens comme un simple arrêté municipal ; ce n'est que le lendemain qu'elle est arrachée par un capitaine de la landwehr.

La proclamation de Jules Favre donne du cœur au ventre aux habitants ; elle a le don de susciter un nouvel élan de patriotisme dans la population, et nombreux sont les volontaires qui partent pour la défense du pays à travers bois, car les routes sont maintenant sillonnées de patrouilles ennemies.

## Mauvaises nouvelles de Strasbourg.

Malgré tout, on parvient à recevoir quelques journaux par Rambervillers ; le *Temps* du 7 courant donne des renseignements sur le sort des héroïques et malheureux Strasbourgeois. Les rues qui ont le plus souffert du bombardement sont : les rues de la Nuée-Bleue, du Dôme, de la Mésange, des Hallebardes, du faubourg National, du faubourg de Pierre, du faubourg de Saverne, toute la Krutenau, le marais Kageneck.

## Le Landsturm.

A partir du 15 et plusieurs jours de suite, arrivent à pied des détachements d'infanterie du landsturm, les hommes paraissent avoir plus de quarante ans ; après les jeunes, voici le tour des vieux, c'est bien la levée en masse.

Les soldats du landsturm remplacent la garnison qui prend le chemin de fer et va dans la direction de Paris.

## Offizierkaffee et Café des officiers ce n'est pas la même chose.

On remarque que, depuis quelques jours, s'étale, sur les vitres d'un café de la rue d'Allemagne, ce mot composé : *Offizierkaffee,* et aussitôt les clients de l'établissement cessent de le fréquenter pour éviter le contact des Prussiens.

On ne manque pas de rapprocher la conduite de ce cafetier peu scrupuleux de l'attitude de M. Dinsenmeyer qui, ayant chez lui, rue des Ponts, 7, le cercle des officiers français, a fermé son café à l'arrivée des ennemis.

Ce trait de patriotisme qui va peut-être ruiner M. Dinsenmeyer mérite d'être signalé.

## Capitulations de Toul et de Strasbourg.

Le 24 septembre, les Prussiens annoncent une victoire : c'est la prise de Toul ; la ville, succombant sous le bombardement, a ouvert la veille ses portes aux assiégeants.

Puis, c'est le passage des prisonniers. Presque tous appartiennent à la garde mobile ; ils déclarent que les canons français ne portent qu'à 800 ou

1.000 mètres au plus, alors que ceux des Prussiens tirent à plus de 1.500 mètres ; notre artillerie est impuissante à répondre aux coups de l'ennemi.

Et le 27, dans la soirée, la garnison de Lunéville se livre à des manifestations bruyantes : le commandant des étapes vient d'être avisé par télégraphe de la reddition de Strasbourg.

Au milieu de ces douloureux événements, la population ne perd pas confiance ; elle reste convaincue que l'issue de la guerre sera fatale à l'armée allemande qui se brisera contre les remparts de Paris ou sera anéantie par les valeureux soldats de Bazaine. On pense que le maréchal se réserve pour choisir le moment favorable de lancer ses 150.000 hommes sur l'envahisseur.

## Gauby fait arrêter trois membres de la Commission municipale.

Et voici encore de nombreux passages de troupes ; ce sont des régiments badois venant du siège de Strasbourg et se reposant, à tour de rôle, plusieurs jours à Lunéville.

Les réquisitions pour l'entretien et la nourriture des ennemis continuent à tomber sur la mairie ; mais la ville déclare, par l'organe de ses mandataires, qu'elle ne peut plus leur fournir de vivres puisqu'elle n'en a même pas pour ses habitants ; l'autorité allemande exige l'équivalent en argent, il lui est répondu qu'il n'y a plus de fonds dans la caisse municipale.

Les réclamations, les exigences, les menaces des Prussiens ne produisant plus aucun effet sur les conseillers, le commandant des étapes von Gauby fait procéder, le 2 octobre, à l'arrestation de trois d'entre eux, MM. Majorelle adjoint, Evrat et Guérin.

## Protestation du Conseil municipal.

Le 3 octobre, MM. Cosson, Didiot, Jeannequin, Keller et Spire, délégués du Conseil à l'effet de se rendre à Nancy pour demander au préfet, au besoin au gouverneur de Lorraine, des explications sur l'arrestation arbitraire et violente de la veille, apprennent que c'est sur l'ordre de l'inspecteur général des étapes que MM. Evrat, Guérin et Majorelle ont été incarcérés, en raison de certaine phrase contenue dans la dernière délibération du Conseil municipal et jugée offensante envers l'autorité allemande.

La phrase incriminée est placée sous les yeux des cinq délégués ; elle est ainsi conçue :

« Quand, au lieu d'avoir une garnison française qui nous faisait vivre, il nous faut nourrir une garnison prussienne; quand la peste fait invasion dans nos étables; quand la famine est à nos portes, c'est encore et toujours de l'argent que vous nous demandez; indiquez-nous donc le moyen de vous en fournir ! »

« *Nous la connaissons mieux que vous cette délibération, puisque nous l'avons tous signée,* réplique un des délégués au gouverneur de Lorraine, *et, comme nous sommes tous solidaires, arrêtez-nous si vous ne relâchez pas nos collègues !* »

L'énergie des délégués de Lunéville paraît en imposer au comte de Bonin (ils portent des noms français dans l'Administration allemande : comte de Bonin, gouverneur; comte Renard, préfet; on voudrait connaître l'origine de ces hauts fonctionnaires qu'on considère comme des traîtres honoraires) (1), et la délégation s'en retourne avec la promesse que le gouverneur va s'intéresser au sort des trois prisonniers; mais ceux-ci restent encore enfermés au Château pendant quatre jours; ils ne sont mis en liberté que le 7, à midi.

## Nomination d'une Municipalité.

Le 8, sur les injonctions réitérées du vainqueur, aussi pour mettre fin au régime provisoire établi

---

(1) Voir Annexe n° 8.

depuis l'invasion et attendu l'impossibilité de recevoir des instructions du Gouvernement français, le Conseil procède lui-même à la nomination d'un maire et d'un adjoint, et MM. Keller et Majorelle, respectivement nommés maire et adjoint, déclarent n'en accepter les fonctions qu'à la condition expresse que leur nomination restera purement française, c'est-à-dire que l'autorité allemande la reconnaîtra sans prétendre y ajouter aucune validation (1).

## Réquisitions extraordinaires.

Il semble fastidieux de parler encore de réquisitions ; mais en voici deux émanant du gouverneur de Lorraine et sortant de la banalité :

*1° Tous les poêles, soit en fonte, soit en faïence, existant dans les magasins de Lunéville, sont saisis et doivent être expédiés immédiatement sur Novéant.*

Les Prussiens prennent déjà leurs précautions pour l'hiver.

*2° Toutes les communes de l'arrondissement sont*

---

(1) Le récit des démarches que firent M. Edmond Keller et M. Majorelle pour ne relever que du choix de leurs concitoyens est exposé dans l'*Histoire de Lunéville*, de H. BEAUMONT, pages 637 et 638. Les protestations qu'ils adressèrent à l'autorité allemande leur font le plus grand honneur. L D.

*invitées à remettre, dans le plus bref délai, les états nominatifs des conscrits de la classe 1870.*

On se demande ce que méditent nos ennemis contre les parents des jeunes gens partis à la guerre.

## Nos Mobiles.

Le dimanche 9, le bruit se répand que les Prussiens amènent par la route de Baccarat plusieurs centaines de prisonniers ; on a su, la veille, par un habitant de Raon, qu'un combat avait eu lieu le 6 à la Bourgonce et Nompatelize, et que les mobiles de l'arrondissement de Lunéville y avaient pris part.

Une partie de la population se porte au faubourg d'Alsace au-devant de la colonne qui apparaît encadrée de Prussiens.

On se précipite vers les enfants de Lunéville ; parents et amis sont brutalement repoussés par les soldats qui ont la garde des prisonniers ; parmi ces derniers se trouve le sous-lieutenant Gaston Vainker (prix d'honneur du collège en 1866); son père, accouru pour l'embrasser, est violemment rejeté en arrière par un sous-officier prussien (1).

---

(1) A ce moment, une personne qui se trouvait près de M. Vainker lui dit pour le consoler : « *Vous aimez encore mieux le voir là que sur les champs de bataille.* — *Non*, répondit M. Vainker, *si j'étais sûr qu'il pût être utile au pays.* » L. D.

La colonne est suivie de quatre voitures à échelles transportant trente-huit blessés dont on approche assez facilement, les Prussiens ne craignant pas de les voir s'enfuir.

Par les blessés on a des renseignements sur le combat de Nompatelize qui a commencé à 8 heures du matin; les Prussiens ont tout de suite attaqué à coups de canon.

Au troisième coup, un obus éclate au milieu de la 7ᵉ compagnie composée de Lunévillois qui marchent à l'ennemi en rangs serrés. 14 hommes tombent, 3 sont blessés mortellement : Parisot, Petitjean, Thiéry.

Les mobiles, entrant aussitôt dans les maisons, se défendent tant bien que mal, et, une heure après, protégée par une artillerie qui fait rage, l'infanterie badoise s'empare de Nompatelize dont elle cerne les issues.

Dans l'impossibilité de répondre aux coups de l'ennemi et de leur résister plus longtemps, les Français qui n'ont pas pénétré dans les maisons se replient vers la montagne, laissant aux prises avec les Badois quatre à cinq cents camarades qui sont faits prisonniers après avoir épuisé leurs cartouches.

Pauvres moblots! avec votre méchant fusil à tabatière dont la portée n'atteint pas 300 mètres, que pouviez-vous contre les soldats de Werder en-

NOMPATELIZE (6 octobre 1870).
Le coup de canon qui tua ou blessa 14 mobiles du bataillon de Lunéville.
(*D'après le tableau de Gridel.*)

core grisés des succès de Sedan et de Strasbourg, bien armés, bien équipés et surtout bien nourris !

Pauvres moblots ! Chair à canon !

Des 500 prisonniers une centaine sont de la Meurthe, les autres appartiennent à des bataillons de mobiles des Vosges et des Deux-Sèvres, il y a aussi des lignards du 32ᵉ régiment de marche.

La colonne arrive à l'Orangerie et la porte se referme sur la dernière voiture de blessés ; nul n'est admis à converser avec les prisonniers qui vont passer la nuit au manège.

Le lendemain, dès la première heure, les parents des mobiles guettent le passage des prisonniers ; ce n'est que l'après-midi qu'on les sort du quartier pour les conduire à la gare et les emmener en captivité ; un escadron de uhlans les escorte et maintient la foule à distance, et lorsque les prisonniers ont pénétré dans la cour de la gare, les grilles en sont fermées et les familles des mobiles repoussées par les cavaliers prussiens jusqu'aux extrémités des rues du Midi et de la Gare.

## Encore un martyr.

On sait que M. Lesourd, négociant rue Banaudon, répondant un des premiers à l'appel de la patrie en danger, est parti avec un groupe d'amis pour les corps francs des Vosges; on apprend avec tristesse que ce patriote, blessé à l'affaire de Brouvelieures, du 11, a été pris par les Prussiens et que les barbares l'ont fusillé après l'avoir horriblement mutilé.

## Un sous-préfet lorrain qui n'a pas peur.

C'est celui de Sarrebourg : M. Léon Thomas est resté à son poste au moment de l'invasion; actuellement il est sous la garde d'un officier prussien qui le conduit à Nancy devant le gouverneur.

En traversant la ville, M. Thomas a la consolation d'embrasser son père qui demeure place Léopold (1).

## Deux amis.

Après un train de prisonniers, on voit entrer en gare, sur des wagons plats, plusieurs pièces de canon garnies de feuillages; elles proviennent, sans doute, de la place de Toul et suivent la même destination que nos malheureux soldats.

Parmi les prisonniers d'Orléans qui passent le 22, un simple soldat de la ligne est reconnu par ses concitoyens, c'est M. Boulangé, professeur d'histoire au lycée de Strasbourg.

---

(1) M. Thomas père était président du tribunal civil de Lunéville.

Au début de la guerre, l'éminent professeur s'est engagé en même temps que M. Robert, garde général des forêts à Lunéville, et M. Boulangé est tombé au pouvoir de l'ennemi en recueillant le dernier soupir de son ami Robert, blessé mortellement à ses côtés.

## Pour empêcher les déraillements.

Le même jour, dans une lettre au gouverneur, le maire de Lunéville proteste contre l'ordonnance du roi de Prusse, datée de Ferrières le 1<sup>er</sup> courant, et prescrivant de placer des notables dans les trains de chemins de fer pour empêcher les tentatives de déraillement :

« *Ma protestation n'est pas dictée par la crainte du danger qui est nul,* écrit en substance le maire, *mais par un sentiment de dignité.*

« *Je vous préviens que si la mesure n'est pas rapportée, mes concitoyens ne se rendront à la gare que contraints par la force.* »

A partir de ce jour, 22 octobre, deux Prussiens en armes vont chercher à domicile les notables qu'on place sur les locomotives aux côtés du mécanicien et du chauffeur (1).

---

(1) Voir Annexe n° 9.

## Mais, que fait Bazaine ?

Et les trains de Prussiens, avec deux notables sur chaque machine, se croisent sans cesse avec les trains de prisonniers ; l'invasion et le désastre continuent.

La population n'en peut plus, elle s'impatiente, elle s'énerve, elle ne veut plus souffrir, c'est par trop de misère !

« *Mais qu'attend donc Bazaine avec ses 150.000 hommes pour couper la retraite aux Prussiens et les broyer contre les remparts de Paris !* » gémissent les anciens soldats qui ne comprennent rien à l'inaction du maréchal.

# METZ

## La honte.

Dans la nuit du 27 au 28 octobre, vers 11 heures, des chants, des cris sauvages, des hurlements sont poussés par les soldats casernés ; c'est un vacarme infernal qui dure un quart d'heure, puis plus rien, la tranquillité de la nuit.

A l'aube, deux citoyens s'abordent :

« *Vous avez entendu le vacarme,* dit l'un, *vous savez ce que c'est? Bazaine a capitulé! il a tout livré aux Prussiens : les maréchaux, les généraux, l'armée, les canons, les drapeaux et tout le tremblement!!*

— *Oh! la canaille! le traître! le bandit!* »

Les imprécations des patriotes contre le misérable surpassent l'exubérance de l'étranger ; un soldat prussien, le bras en écharpe, portant sur l'épaule la torsade des volontaires d'un an, se risque auprès d'un groupe de citoyens place du Château :

« *C'hai été plessé à Latonchamp,* dit-il, *si fous afiez fu les cernations autour te Metz, fous tiriez pas Pasaine traître, fous tiriez Pasaine faincu!* »

— *Allons donc!* riposte le plus âgé du groupe, *il vous a été facile de le cerner puisque le coquin s'est enfermé lui-même au lieu d'aller de l'avant !* »

Il n'est pas possible d'exprimer la douleur des habitants de Lunéville !

Sedan, c'était l'effondrement. Metz, c'est la honte !

— « *Mais regardez donc les Prussiens comme ils nous narguent, avec quel mépris ils disent :* « *Franzosen !* » *; c'est à rougir d'être Français !* » ; ainsi parle une vaillante femme en s'en allant vers la gare prendre son service et préparer la soupe des prisonniers.

Le lendemain 29, fête pour la garnison. Joie des Prussiens. Deuil des Français.

## Bazaine passe à Lunéville.

Et le dimanche 30, exactement à 1ʰ 08 après-midi, entre en gare un train qui n'a que quatre voitures ; le traître est dans la première.

On devine plutôt qu'on ne voit Bazaine qui ne se montre pas et se tient au fond de son compartiment ; comme au fauve en cage, on porte à manger à celui qui a livré Metz la pucelle ; c'est un caporal prussien qui fait la corvée et aussitôt après, le train part dans la direction de l'Allemagne.

## Toute la vieille armée prisonnière.

Le 31 octobre, les officiers de l'état-major de Bazaine passent seuls à la gare ; le jour de la Toussaint, c'est le tour du général Desvaux, bien connu à Lunéville où il commandait la division avant le général de Bonnemains ; il est accompagné du capitaine Robert, son aide de camp ; on peut dire que c'est le train des généraux, il y en a plus de cinquante.

Puis, comme après Sedan, c'est une suite ininterrompue de convois de prisonniers ; on s'explique que les vainqueurs ne puissent les faire passer tous par la ligne de Metz-Sarrebrück : ils sont trop ; ils sont 150.000 et on dit qu'avec les 80.000 de Sedan, cela fait 230.000 : toute la vieille armée prisonnière !

Pauvre France ! que te reste-t-il pour te défendre ? des mobiles et de mauvais fusils.

Le 4 novembre, parmi les prisonniers de Metz se trouvent un grand nombre de grenadiers et de voltigeurs de la garde impériale ; ils se sont tous arraché les ganses blanches ou jaunes qui ornaient leurs poitrines. On remarque, cependant, quelques voltigeurs qui les ont conservées ; ces derniers ont été pris à l'affaire du Bourget. En mangeant la soupe qu'on vient de lui apporter, l'un d'eux, un caporal du nom de Bailly, originaire de Saales, donne des renseignements sur les combats près de Paris : « *Ça va mal,* dit-il; *avec leur artillerie, les Prussiens détruisent tout!* »

## C'est fini ! On désespère !

Et le désespoir empoigne la population de Lunéville qui, malgré sa propre misère, n'en continue pas moins ses bons soins aux milliers de prisonniers qui passent; les malheureux qui ont subi près de trois mois de privations pendant le siège de Metz, sont dans un état de faiblesse qui excite la pitié et on obtient, non sans peine, de l'autorité allemande l'admission de quelques-uns à l'ambulance de l'Orangerie.

La conduite des femmes en permanence à la gare est admirable d'abnégation; Gauby, lui-même, le reconnaît dans une lettre pleine d'éloges qu'il adresse à Mlle Rosalie Epplé (1).

Et les prisonniers arrivent maintenant de partout où on se bat, de partout où la nouvelle armée im-

---

(1) Mlle Rosalie Epplé est la jeune fille qui a coopéré si activement à l'évasion du lieutenant-colonel Minot. Pour une fois qu'il a été aimable, Gauby l'a été à l'égard d'une personne qui lui avait joué un bon tour. L. D.

provisée s'oppose, comme elle peut, à la marche de l'envahisseur.

La tristesse de la population paraît impressionner les Prussiens; les soldats d'un bataillon de landwehr, logés chez l'habitant depuis le 1ᵉʳ novembre, se montrent respectueux envers leurs hôtes; quelques-uns cherchent à se rendre utiles; on en voit même qui conduisent la brouette au marché.

Ceux-là ne demandent qu'à séjourner le plus longtemps possible à Lunéville; malgré les victoires des armées allemandes, les « landwehr » manifestent les sentiments de crainte que leur inspire Paris par ces mots : « *A Pâriss capoutt!* »

S'ils disaient vrai! s'il y avait sur les remparts de la capitale deux ou trois cent mille hommes bien commandés et bien décidés! Mais on a été tant de fois déçu qu'on n'ose plus s'arrêter à l'idée d'un succès pour nos armes.

## Liste des hommes de vingt et un à quarante ans.

Le préfet, comte Renard, réclame impérieusement à la mairie la liste des citoyens de vingt et un à quarante ans, car il a été porté à la connaissance de ce fonctionnaire qu'un certain nombre d'habitants, excités par les malheurs de la patrie, n'ont pas hésité à abandonner leurs foyers pour s'enrôler ; ils sont partis dans la direction de Lamarche, persuadés que cette région des Vosges n'est pas encore envahie.

Craignant que la communication réclamée n'ait pour certaines familles des conséquences graves, la mairie répond au préfet que l'établissement des listes nécessite un travail dont elle ne peut prévoir la durée.

## « Nach Verdun. »

Le 16 novembre, Gauby réquisitionne un nombre important de voitures attelées de deux chevaux ; mais cette fois, par l'organe de M. Briot, de Menil, les propriétaires d'attelages de la ville refusent de s'exécuter et M. Briot est prévenu que, si ce refus se renouvelle, l'autorité allemande lui imposera, en logements militaires ou autrement, des charges supérieures à la valeur de la réquisition.

Gauby se retourne vers la campagne et les attelages sont fournis par 19 communes des cantons de Lunéville ; les voitures sont réunies le 20 à l'Orangerie et dirigées sur Verdun sous la conduite d'une section de landwehr.

On se demande ce que les Prussiens vont ramener de là-bas ; on sait que Verdun, en se rendant le 9, a obtenu de conserver ses approvisionnements, les poudres, les canons, les fusils, ainsi que tout ce que renfermait la citadelle en matériel et munitions. On considère les conditions de la capitulation comme un hommage à la résistance de la place défendue par 5.000 ou 6.000 hommes seulement.

Serait-ce encore une fausse nouvelle ?

## La Ville et la Campagne sont écrasées sous le poids des charges et des réquisitions.

A la date du 27 novembre, la mairie reçoit du gouverneur de Lorraine avis de la translation à Lunéville de 1.100 malades français de Metz, et le maire ne peut que répondre ceci : « *La grande quantité de bâtiments militaires qui n'est nullement en rapport avec le peu d'importance de la ville a, sans doute, donné l'idée de ce déplacement et l'on n'a pas songé que nous avions déjà de nombreux malades et une garnison considérable dont l'entretien est d'un poids écrasant.*

« *La charge nouvelle qu'on nous impose dépasse le possible.* »

Mais Son Excellence le comte de Bonin (comme on le désigne, ainsi qu'il est prescrit) ne tient aucun compte de l'état de pénurie de la ville et de ses habitants, et la mairie en est réduite à adresser un pressant appel aux villages des cantons Nord et Sud, pour l'aider à supporter cette nouvelle épreuve ; les communes pressenties assurent qu'elles s'intéresseront au sort des malades dans la mesure de leurs moyens.

Et nos paysans, dépouillés régulièrement à chaque passage de troupes, ne sont pas encore assez pressurés ; il doit rester en cave et en grenier des provisions de toute nature, pense Son Excellence, et, le 29 novembre, Elle ordonne une râfle générale à la campagne avec l'obligation pour les volés de vider eux-mêmes leurs caves et greniers et d'en conduire le contenu à la gare de Lunéville.

Les vampires ramassent 23.520 kilos d'approvisionnements pour la nourriture de leurs hommes et de leurs chevaux et tout est expédié, le 13 décembre, dans sept wagons, aux frais de la ville, à destination du magasin de réserve de Pont-à-Mousson.

## Les malades de Metz.

Un froid très vif se fait sentir depuis plusieurs jours ; l'autorité allemande oblige la ville à pourvoir immédiatement au chauffage des casernements occupés par la garnison et des ambulances remplies de malades ; ceux de Metz, arrivés le 6 décembre, au nombre de 885 au lieu des 1.100 annoncés, sont répartis, savoir : 516 dans des lits à l'ambulance internationale de l'Orangerie et 369 couchés sur la paille aux Carmes.

En attendant la réception des commandes remises à M. Thirion (encore un nom français), agent de charbonnages à Sarrebrück, la mairie sollicite la faïencerie Keller et Guérin, qui met obligeamment à sa disposition dix wagons de houille, soit 100.000 kilos.

Nos malheureux soldats peuvent enfin réchauffer leurs membres engourdis ; les malades des Carmes, bien qu'ils couchent sur la paille, éprouvent tout de suite une sensation de bien-être qui les réconforte et leur fait oublier les souffrances du siège. Le dévouement des médecins civils qui donnent gratuitement leurs soins aux soldats des deux nations mérite d'être signalé, car depuis le transfert des malades de Metz à Lunéville jusqu'au 7 janvier, date de leur envoi en captivité, on n'a à déplorer que 6 décès parmi les 885 Français ; encore faut-il ajouter que les 6 décédés ont été amenés mourants à l'ambulance de l'Orangerie.

# PHALSBOURG

### Un brave.

Le 16 décembre, la nouvelle de la reddition honorable de Phalsbourg est apportée par un commerçant de cette ville, venu, place des Carmes, pour acheter du mobilier, le sien ayant été détruit par le bombardement.

La belle conduite du commandant Taillant qui, avec une dizaine de canons lisses et environ 1.200 hommes dont moitié de mobiles de la Meurthe, a tenu en respect pendant quatre mois des assiégeants dix fois supérieurs en nombre, est l'objet de toutes les conversations et on se dit que, si les Bazaine et autres misérables avaient eu la centième partie de l'énergie du commandant de Phalsbourg, jamais la France n'aurait subi la honte d'être battue par des Prussiens.

Le 12, la ville de Phalsbourg n'a plus une bouchée de pain. Taillant fait enclouer ses vieux canons, briser les fusils, détruire les poudres, les munitions et tout le matériel de la forteresse, donne l'ordre d'ouvrir les portes, puis envoie au commandant de l'armée d'investissement ces mots sublimes :

Monsieur,

Le trop grand éloignement de l'armée française et la famine qui torture les habitants, les blessés et les prisonniers de guerre, mais qui ne pourrait nous dompter si nous étions seuls ici, ne nous permettent pas de continuer la lutte, parce qu'il est de notre devoir d'être humains avant tout.

C'est aussi pour obéir aux lois de l'humanité que j'ai dû ne pas céder au vœu de mes compagnons d'armes, qui ont demandé de s'ensevelir avec leur chef sous les ruines de la forteresse qu'ils défendent si bien depuis quatre mois.

Les portes de Phalsbourg sont ouvertes ; vous nous y trouverez désarmés, mais non vaincus.

*Le Commandant de la place de Phalsbourg,*
Taillant.

C'est par la maison Chayvialle, où est descendu le Phalsbourgeois, qu'on a communication de cette lettre admirable. On la copie et on se la repasse et, comme conclusion, on dit : « Honneur au commandant Taillant ! Malédiction sur les traîtres ! »

## Les prisonniers de l'Armée de la Loire.

Nous voici au 20 décembre ; nous subissons un froid très vif : le thermomètre marque — 19°; depuis deux jours, il passe en gare des quantités de prisonniers ; c'est la répétition de Sedan et de Metz, plus lugubre, plus désespérante.

Vers 2 heures, arrive un train composé de wagons de marchandises et transportant plus de 1.000 prisonniers.

Dans chaque wagon c'est un méli-mélo d'accoutrements bizarres : on y voit des mobiles du Cher affublés de la blouse bleue des gardes champêtres, des êtres chétifs, des Parisiens probablement, en costumes de zouaves de mardi-gras, la chéchia est confectionnée de morceaux de drap, la veste sans aucun ornement ressemble à un caraco de femme, la culotte est du modèle de celle des fantassins de 1860, c'est le 4e zouaves de marche. Les pauvres petits, pelotonnés contre les parois du wagon, s'abritent des rigueurs de la température sous les manteaux rouges de deux cuirassiers de la Garde ; les malheureux ne peuvent plus se tenir debout, ils ont les pieds entamés dans leurs godillots de carton. Voici encore des mobiles avec des pantalons de toile, d'autres avec des capotes d'infanterie, — ils sont de Vaucluse, — des lanciers, des zéphirs, des fantassins du 52e de marche et du 92e de ligne.

## Les Dix-Mille.

Parmi ceux du 52ᵉ se trouve un jeune volontaire de Lunéville ; on le questionne ; il a, lui aussi, les pieds gelés ; la sœur Victorine, de l'hôpital, qui est sur le quai, le reconnaît ; elle lui fait des pansements et lui bande les pieds qu'elle met ensuite dans de gros chaussons et, pendant l'opération, l'enfant de Lunéville, qui éprouve un grand soulagement, fait le récit de ses misères :

Engagé au 86ᵉ de ligne et versé au 52ᵉ de marche avec trente-neuf camarades de Lunéville, il combattait à l'armée de la Loire. C'était constamment des marches et des contremarches ; il en résultait que les distributions de vivres ne pouvaient se faire que très irrégulièrement et, quand l'escouade touchait de la viande, elle n'avait jamais le temps de la faire cuire ; on ne mangeait que du biscuit !

Battant en retraite vers Sully avec le 18ᵉ corps auquel il appartenait, le 52ᵉ marcha, sans interruption, de 1 heure du matin à 5 heures du soir.

Les soldats qui ont pu suivre la colonne n'ont plus été poursuivis par les Prussiens parce que, dans la soirée, on a brûlé le pont suspendu de Sully pour arrêter la marche de l'ennemi.

Ce jour-là, sept soldats du 52ᵉ sont tombés en route morts de faim et de froid et combien, hélas ! des autres régiments ont eu le même sort !

Ceux qui n'ont pu suivre leurs camarades et passer la Loire avant la destruction du pont ont tous été faits prisonniers par les uhlans qui, sans coup férir, ont ramassé dix mille traînards.

Il faut dire que beaucoup de régiments de mobiles, comme ceux de Vaucluse, ne pouvaient se défendre avec leurs fusils à piston qui rataient presque à chaque coup.

Et le jeune soldat ajoute avec mélancolie :

« *La division dont je faisais partie (la 2ᵉ du 18ᵉ corps), était, paraît-il, la plus belle de l'armée de la Loire : outre le 52ᵉ de marche et un régiment de mobiles armés du chassepot, elle comprenait un bataillon de chasseurs à pied, deux bataillons de joyeux et le 92ᵉ de ligne arrivé d'Afrique avec sa musique, mais sans son drapeau ; on comprend qu'après la chute de l'Empire, le drapeau du 92ᵉ, avec son aigle, ne représentait plus rien ; c'est pourquoi le régiment, en partant en campagne, l'avait laissé à Oran, au magasin des objets militaires hors de service avec les vieilles gamelles et les schakos réformés. C'est mon voisin caporal au 92ᵉ qui, depuis près de quinze jours qu'on est ensemble, m'a appris tout ça avec une foule de choses.*

Cliché de *L'Éclaireur*, 1912.

UN DES DIX-MILLE

(*D'après de Neuville.*)

« *De Sully nous avons gagné par étapes Lagny, lieu de notre embarquement.* »

Et le jeune Lunévillois raconte ces douloureuses étapes au cours desquelles les prisonniers durent supporter pire que la fatigue et le froid, les sarcasmes et le mépris des officiers prussiens qui, assiégeant Paris, s'esclaffaient au passage des dix-mille.

Et le train qui en transporte le dixième stationne plus d'une heure à la gare : « encore une fausse tentative de déraillement à Sarrebourg », croit-on, car, pour entretenir l'irritation de leurs soldats contre les habitants, les Prussiens inventent de temps en temps des histoires de déraillement sur les divers points du département.

Les prisonniers ne mangent pas à Lunéville ayant eu un repas à Nancy ; une centaine d'entre eux seulement reçoivent un peu de linge, mais qu'est-ce que cela pour tout ce monde dévoré par la vermine !

Il est 3ʰ 30, la sœur Victorine embrasse le jeune soldat en lui disant :

« *Surtout, mon petit, du courage! pense à tes parents, et à la grâce de Dieu!* », et le convoi s'ébranle vers une forteresse prussienne.

## La ruine.

Sous prétexte que les sept wagons de provisions volées à nos paysans et expédiées à Pont-à-Mousson le 13 décembre restent en panne à la gare de Blainville, le commandant des étapes menace la ville (comme si elle en était cause) de moyens violents pour se procurer des vivres, de la houille, des couvertures et quoi encore !...

On est au 25 décembre, le froid est intense, le thermomètre marque —23°; le maire ne répond plus à Gauby, il expose au préfet la situation lamentable de ses concitoyens en ces termes :

  Monsieur le Préfet,

La population municipale est de 12.393 habitants se décomposant en :

- 2.200 pauvres recevant quotidiennement des soupes ;
- 4.000 nécessiteux sans ouvrage ;
- 5.000 petits commerçants et rentiers actuellement dans une grande gêne ;
- 1.193 personnes aisées dans lesquelles sont comptées une quinzaine de familles riches.

12.393

Avant l'invasion, Lunéville vivait de sa nombreuse garnison de cavalerie, artillerie et services d'administration, laquelle, en disparaissant, a supprimé, du même coup, les moyens d'existence d'une masse de fournisseurs, marchands, propriétaires et ouvriers.

M. EDMOND KELLER

(Cliché Paul Ritter.)

Les revenus de la ville se bornent à deux produits :

| | |
|---|---:|
| 1° Ceux de la coupe de bois (net). | 5.000 |
| 2° Ceux de l'octroi (net) | 115.000 |
| Ensemble | 120.000 |

Cette somme est déjà insuffisante, en temps normal, pour assurer l'amortissement des emprunts et le fonctionnement des services municipaux d'une ville où l'instruction publique coûte à elle seule 40.500 francs.

Vous pouvez juger de l'état actuel de nos finances aujourd'hui que la principale recette de l'octroi sur notre division de cavalerie fait défaut; il nous est même impossible de payer les services indispensables de la ville.

Le chiffre des dépenses connues à ce jour s'élève depuis l'invasion à la somme énorme de 442.771$^f$85, soit une moyenne de 100.000 francs par mois, et ce qu'il y a de particulièrement douloureux pour nous, c'est de penser que les grands établissements militaires qui étaient autrefois pour la ville une source de prospérité sont devenus la cause de ses calamités puisqu'on a installé dans le château et les immenses casernements une garnison prussienne et des ambulances considérables dont vous nous avez imposé la charge.

En résumé, Monsieur le Préfet, la ville est ruinée, ses habitants aussi ! car dans les dépenses dont je vous cite le chiffre, ne sont pas comprises les réquisitions faites directement sur les citoyens, non plus les contributions et les logements militaires sous le poids desquels l'autorité prussienne a écrasé la population.

Veuillez agréer, etc.

*Le Maire de Lunéville,*

E. KELLER.

## Les Prussiens s'amusent.

Les chefs des garnisaires ne se gênent plus ; pour faire le réveillon et fêter, en même temps, les victoires de leurs compatriotes, ils requièrent des billets de logement pour leurs « Damen ». Un certain nombre d'officiers et de médecins prussiens causent de tels scandales, leurs orgies sont si ignobles qu'au cours de l'après-midi de Noël, c'est à la Commandature une procession de réclamants au-dessus desquels s'élève la voix tonitruante de M. Putegnat ; l'honorable docteur est outré, mais Gauby n'ouvre pas sa porte.

Le lendemain, le maire, assisté de deux conseillers municipaux, va trouver le commandant des étapes pour se plaindre des bacchanales signalées dans les maisons les plus respectables de la ville ; von Gauby répond tranquillement qu'il n'a pas le temps de s'arrêter à des racontars, qu'il est néanmoins disposé à examiner les plaintes écrites et donnant des détails circonstanciés (1).

---

(1) Gauby avait des raisons pour ne pas se montrer trop rigoureux à l'égard de ses subordonnés. D'après la rumeur publique, il partageait avec eux les faveurs d'une Française fort jolie qu'on désignait à Lunéville sous le nom de la « Belle Échalote ». Sa mère était marchande de légumes place Saint-Jacques. La Belle Échalote disparut avec les Allemands   L. D.

La plume se refusant à tracer les scènes de ce genre, le maire ordonne à son personnel de ne plus délivrer de billets de logement aux « Damen », quelles qu'elles soient.

Furieux de cette décision, plusieurs médecins prussiens, en pension à l'hôtel des Vosges, réclament à la ville le prix en espèces de leurs repas, sous prétexte qu'ils veulent manger où bon leur semble ; il leur est exposé que, la caisse municipale étant à sec, la ville ne peut que réquisitionner les restaurateurs qui lui seront désignés et qui ne seront payés qu'après le rétablissement des rapports avec l'État français.

Et pendant que les barbares s'amusent, c'est pour les Lunévillois

## L'abomination de la désolation.

Par les prisonniers qui passent journellement à la gare on obtient de vagues renseignements sur la marche de l'ennemi qui pénètre toujours plus profondément dans le pays ; tout va de mal en pis ! l'armée improvisée ne peut pas résister ; c'est, après le premier choc, la débandade !

L'année 1870 s'achève dans la misère et la honte !

Et l'on se demande quand cessera cette progression épouvantable de désastres : Sedan, Metz, les autres places fortes, la Loire et tout ce qu'on ne sait pas !

Les prisonniers « *en ont plein le dos de la campagne, ils en ont soupé des marches et des contremarches* » ; on sent, à leur attitude, que s'ils ont souffert et s'ils souffrent encore du froid et de la faim, « *ils ont, du moins, la satisfaction d'avoir sauvé leur peau; finie la chair à canon!* »

On ne peut en vouloir à ces malheureux couverts de loques souillées de la diarrhée des combattants, n'ayant du soldat que le nom.

Dans un train de prisonniers qui passe le 31 décembre, il se trouve une cinquantaine de blessés qui n'ont pas été pansés depuis plusieurs jours ; un servant d'artillerie qui a le bras gauche emporté, endure le martyre et supplie qu'on l'achève ou qu'on le soigne ; mais les ambulances sont archicombles, elles renferment, à ce jour, 2.172 malades ou blessés des deux nations et il n'y reste plus un seul lit pour le pauvre manchot qui hurle de douleur pendant que le train démarre pour l'emmener en captivité.

## La nuit à Lunéville.

Et le froid est de plus en plus vif avec une épaisseur de neige durcie de près de 30 centimètres ; la houille va manquer pour le chauffage des ambulances et des casernements.

La mairie s'adresse où elle peut, à la cristallerie de Baccarat, à l'usine à gaz qu'elle autorise à ne fournir qu'un demi-éclairage pour diminuer la consommation de la houille et faire durer ses approvisionnements le plus longtemps possible ; aussi les citoyens se munissent-ils de lanternes en se rendant le soir chez les amis pour y deviser sur la situation lamentable de la grande et de la petite patrie.

# 1871

**Près de Belfort ? La destruction du pont de Fontenoy-sur-Moselle. Enlèvement de rails à Sarrebourg. Conséquences de la catastrophe de Fontenoy.**

Le 11 janvier, il y a dans la garnison un brouhaha extraordinaire ; un bataillon de landwehr part précipitamment dans la direction de Baccarat ; qu'est-ce que cela veut dire ?

On s'informe discrètement à la Commandature et on finit par apprendre qu'une armée française se trouvant dans les environs de Belfort aurait battu les Prussiens la veille ou l'avant-veille et marcherait dans la direction du Haut-Rhin.

Le remue-ménage de la garnison continue jusqu'au 18, il se manifeste par un mouvement de troupes assez important qui vont vers la gare ; mais on ne parvient pas à en savoir davantage et on reste sceptique.

Le 22, la Mairie reçoit avis que des francs-tireurs ou des garibaldiens ont fait sauter le pont de Fontenoy-sur-Moselle et que, par représailles, les habitations de la commune ont été incendiées (1).

Le commandant des étapes invite la population à veiller à ce que pareil fait ne se reproduise pas sur le territoire de la ville.

Le lendemain c'est autre chose ; les Prussiens sont irrités de ce qu'on ait enlevé quelques rails près de Sarrebourg ; il en résulte une interruption de service pendant l'après-midi. Un train qui doit emmener en captivité cent vingt-trois convalescents de l'ambulance des Carmes séjourne à la gare et les prisonniers, la plupart encore très faibles, restent, dans leurs wagons à bestiaux, exposés au froid et à la neige depuis 10 heures du matin jusqu'à 7 heures du soir.

Le 26, on affiche une ordonnance du roi de Prusse relative à une contribution de 10 millions de francs dont sont frappés les départements dépendant du gouvernement de la Lorraine, à l'occasion de la destruction du pont de Fontenoy.

Et le 27, M. Hachair, commis du receveur municipal de Lunéville, revenant de Nancy où il est allé verser le solde des contributions de 1870, rapporte le fait suivant : La veille, une musique prussienne jouait sur la place Stanislas ; des désœuvrés se promenaient en écoutant les trombones et les clari-

---

(1) Voir Annexe n° 10.

nettes tudesques, quand la force armée, débouchant de plusieurs points à la fois, ferma les issues de la place et procéda à la capture de tous les hommes valides sans avoir égard à leur position sociale. Ceux-ci furent immédiatement conduits à la gare et expédiés sur Fontenoy pour travailler à la reconstruction du pont. En même temps, des détachements de soldats opéraient dans les divers quartiers de Nancy, arrêtant les passants et ramassant tous les consommateurs attablés dans les cafés et estaminets.

Et ce n'est pas plus malin que ça de se procurer des ouvriers !

## Paris capitule

Le 29 janvier, à 6 heures du soir, le commandant Gauby envoie au maire copie de la dépêche qu'il vient de recevoir du gouverneur de Lorraine ; elle est ainsi libellée :

« Jules Favre et Bismarck ont signé la capitulation de tous les forts de Paris et un traité d'armistice de trois semaines.

« La garnison reste prisonnière de guerre dans la ville. »

Bien que, depuis la reddition de Metz, la population de Lunéville, ballottée de défaites en désastres, n'ait plus conservé la moindre illusion sur un retour offensif des Français, elle est littéralement suffoquée à la lecture de ces mots ahurissants dans leur laconisme, placardés le 30 à la gare par les soins de la Commandature :

« Hier 29, les forts de Paris ont été occupés ; il ne s'est produit aucun incident. »

C'est concis, c'est clair comme un glaive décapitant la France.

A la suffocation succède l'abrutissement ! on ne peut plus souffrir ! on ne peut plus gémir ; c'est trop de hontes !

Et comme à ce moment arrive un train de prisonniers du Mans, du camp de Conlie (qu'est-ce que c'est que ça, le camp de Conlie ? est-ce du côté de Nantes ou du côté de Bordeaux ?), on se regarde et on se dit : « *L'armistice, c'est donc de la blague ! à moins que les Prussiens ne veuillent tout emmener chez eux, les « défenseurs » de Paris, les « rationnaires » du camp de Conlie, eh bien alors ! ce n'est pas fini, il va en falloir des vivres et des marmites de soupe !!* »

Ces propos incohérents ne peuvent donner qu'une faible idée de l'état de prostration des habitants de Lunéville à la nouvelle de la prise de Paris par les Prussiens !

Les hourras de la garnison, composée en majeure partie de Saxons, les illuminations des casernements, des ambulances, de la Commandature et de la gare font mal !

## La répartition des dix millions.

Un avis du gouvernement de Lorraine fixe à 81.000 francs la quote-part de la ville dans la répartition de la contribution de dix millions; l'avis stipule, en outre, que cette quote-part devra être payée dans la huitaine, faute de quoi l'exécution militaire s'ensuivra; lisez le pillage! (1)

L'affiche signée : Comte de Bonin, apposée le 31 à la mairie, n'a d'autre résultat que celui de faire hausser les épaules à la population tout entière :

*Allez-y! Excellence von Bonin von Lothringen!* se dit-on mutuellement, *faites de Lunéville ce que vous avez fait de Fontenoy et qu'on n'en parle plus!*

*Paris est pris! La France décapitée gît sous la botte prussienne! vos menaces nous sont indifférentes!*

---

(1) Ni l'impôt des dix millions, ni celui des indemnités de la marine allemande ne furent payés; c'est à l'habileté de M. Welche, maire de Nancy, que la Lorraine dut d'avoir échappé à ces amendes : M. Welche avait obtenu, au commencement de février, un délai de paiement jusqu'au 1er mars, à la suite d'une démarche qu'il avait faite auprès du marquis de Villers. Le 16 février, il partit pour Bordeaux et là, il contribua à obtenir dans la convention d'armistice, l'insertion d'une clause qui mettait fin à toutes les contributions de guerre extraordinaires qui pesaient encore sur les départements envahis (*Journal d'un Habitant de Nancy*, L. Lacroix).

L. D.

# PENDANT L'ARMISTICE

### Élections à l'Assemblée nationale.

Le 3 février, la Mairie reçoit du Gouvernement de la Défense Nationale ampliation du décret convoquant les citoyens à l'effet d'élire une assemblée qui aura pour mission de voter la continuation de la guerre ou la conclusion de la paix ; le département de la Meurthe nommera huit députés.

Le maire de Nancy, à défaut d'un préfet français, fixe au 10 les élections.

Le 5, les candidats se font connaître ; deux listes sont en présence.

### Gauby lacère les affiches.

Le 6, les candidats de la liste républicaine affichent leur manifeste dans lequel le commandant des étapes relève une phrase injurieuse à l'adresse du roi de Prusse. Gauby arrache lui-même plusieurs affiches et fait enlever les autres par ses sbires.

Le lendemain, après réclamation du comité républicain, d'autres affiches remplacent celles qui ont été détruites et, cette fois, Gauby les laisse en place.

Les candidats royalistes ne font pas placarder de proclamation.

## Un bon Roi !

Le 8, le gouverneur de Lorraine porte à la connaissance des habitants de Lunéville que son « bon » Roi, voulant améliorer la solde des officiers, médecins et employés de son armée, a décidé que chacun d'eux toucherait une pension journalière de 15 francs pendant la durée de l'armistice et que le supplément à allouer à la garnison de Lunéville s'élèverait à 12.633 francs à la charge de la ville.

Et le chœur des contribuables de s'écrier : « *O le bon Roi!* »

## Résultats des élections.

Le 12, le résultat des élections de la Meurthe parvient à la mairie à 6 heures du soir : la liste républicaine est sortie tout entière, le dernier est élu avec 46.000 voix alors que le premier de la liste royaliste n'en réunit que 28.000 ; tout s'est passé dans le plus grand calme.

## Échange de prisonniers.

Le 13, cinq cents prisonniers français dont l'échange doit avoir lieu dans la huitaine reviennent de captivité par chemin de fer, déguenillés, la plupart chaussés de sabots ; ils sont casernés aux Carmes et nourris aux frais de la ville.

## Arrestation de notables (I<sup>re</sup> fournée).

Le 15, le commandant des étapes exige, sous menace d'exécution militaire, le paiement du supplément de solde des officiers de la garnison et le 17, la ville n'ayant pu ni voulu verser les 12.633 francs, Gauby procède à l'arrestation de M. Jeannequin.

De son côté, le comte Renard, préfet prussien, ordonne, le 20, l'arrestation de dix-sept conseillers municipaux ou notables : MM. Bony, Claude, Contal, Didiot, Gadel, Godchot, Ém. Guérin, Hannezo, Humbert, Jeanmaire, Lalande, Lippmann, Ch. Maire, Majorelle, G. Michaut, Ch. Nathan et Nicolas, qui sont emmenés à Nancy ainsi que M. Jeannequin, enfermé depuis trois jours dans une des salles du château.

### Blocus de la ville.

En outre, sur un ordre émanant de la Commandature et publié à son de caisse, la ville est bloquée : toutes les communications sont interrompues ; il n'est plus permis d'écrire ni de voyager, il n'est plus délivré de billets de circulation sur le chemin de fer ; le service de distribution des lettres est supprimé. Cette mesure, qui soulève l'indignation générale, n'est rapportée que cinq jours après.

### Offre généreuse du maire de Lunéville.

Le 21, les membres restants du Conseil municipal et un certain nombre de notables se réunissent à la mairie pour aviser : il est décidé que les 12.633 francs seront payés dès le lendemain, M. Keller se chargeant de les fournir pour pouvoir demander au gouverneur de Lorraine l'élargissement des personnes arrêtées.

Le 22, à 9 heures du matin, le maire se rend chez le commandant des étapes et, après lui avoir compté la forte somme, le prie de télégraphier sans retard pour qu'on relâche ses concitoyens ; à 11 heures, M. Keller reçoit une dépêche du gouverneur lui faisant connaître que les prisonniers ne seront mis en liberté qu'autant que la ville aura réglé le montant de la contribution de guerre fixée à 32.197 francs et au paiement de laquelle elle est contrainte pour un motif extraordinaire : Prise de vaisseaux prussiens par la marine française au début de la guerre ? (*Voilà une prise qu'on a toujours ignorée ; comment ! la France aurait battu les Prussiens sur mer ! Qu'est-ce que c'est que cette histoire-là ?*)

## Arrestation de notables (2ᵉ fournée).

Le 23, a lieu à la mairie une nouvelle réunion au cours de laquelle, sur la proposition du maire, l'assemblée des conseillers et des notables décide de ne plus rien payer à la caisse allemande.

Là-dessus, les Prussiens s'emparent encore de douze notables parmi lesquels M. Keller, maire ; les autres sont : MM. Baraban, Bourdon, Desroches, Lebrun, Jacob Lévy, Maupas, L. Parmentier, Paulin, Tavard, Villaume et Weyer. Ces messieurs vont rejoindre à la prison de Nancy les dix-huit personnes arrêtées le 17 et le 20.

Il ne reste plus que six conseillers municipaux, les autres étant emprisonnés ; MM. Spire, notaire, et Cosson, avocat, administrent.

## Mauvaise foi allemande.

Le premier acte de M. Spire est d'écrire au gouverneur de Lorraine ce qui suit :

Monsieur le Gouverneur,

En l'absence de M. le maire retenu en prison à Nancy, je crois de mon devoir d'appeler votre attention sur un fait inique.

Voici à titre documentaire copie de la lettre sur la question des 12.633 francs adressée le 15 courant à M. le préfet ; celui-ci y a répondu par un ordre d'exécution en vertu duquel dix-huit habitants de notre ville ont été incarcérés à Nancy.

Comme la ville ne voulait pas payer les 12.633 francs qu'elle croyait et croit encore ne pas devoir, une personne généreuse et compatissante a désiré avancer la somme à ses risques et périls dans l'espoir d'obtenir la mise en liberté de nos concitoyens arrêtés arbitrairement.

C'est ainsi que les 12.633 francs ont été versés entre les mains de M. le commandant des étapes sur sa promesse formelle que les prisonniers seraient relâchés une demi-heure après.

A cet effet, une dépêche a été transmise immédiatement à la préfecture, mais, au lieu de la liberté promise, votre préfet a fait savoir que la ville de Lunéville ayant encore à payer 32.197 francs pour indemnité de guerre, les otages ne seraient pas rendus avant le dépôt de cette somme.

Les 12.633 francs ayant été remis à M. le commandant des étapes sous la condition expresse que nos dix-huit concitoyens seraient mis en liberté et cette condition ayant été violée, vous voudrez bien, Monsieur le Gouverneur, ordonner la restitution de la somme extorquée.

Veuillez agréer, etc.

SPIRE.

Aussitôt réception de cette lettre, le destinataire inflige à l'expéditeur huit jours de prison et 1.000 francs d'amende.

## L'armistice n'est pas fait pour tout le monde.

Et l'on se dit que, sans doute, comme l'armée de l'Est, la ville de Lunéville aura été oubliée dans la convention signée de Bismarck et de Jules Favre.

Après tout, c'est sans importance pour les deux hommes d'État, seulement ce n'est pas la même chose pour les infortunés soldats de Bourbaki, traqués dans la neige comme des lapins, ni pour la ville de Lunéville de plus en plus pressurée par les vainqueurs !

# LA PAIX

### Réception à la Commandature.

Dans la soirée du 25 février, le bruit se répand que la paix est conclue ; la garnison manifeste sa joie par le renouvellement des cris et des illuminations des 29 et 30 janvier.

Il y a réception à la Commandature, tous les officiers y défilent ; les pianos de Gauby accompagnent « La Garde au Rhin » et l'hymne prussien chantés par les assistants.

Le lendemain après-midi, c'est au tour des sous-officiers qui improvisent un concert avec hourras à la clef.

Gauby préside à la distribution du tabac, des cigares, de la bière d'Allemagne et du bon vin de France ; sa large face exulte quand il prononce les trois *Hoch! Hoch! Hoch!* sacramentels répétés par la soldatesque.

### Les Prussiens se radoucissent.

Et pendant que les ennemis font la fête, les patriotes sont inquiets : « *Quelles sont les conditions*

AU CHATEAU DE BRISAC LE 26 FÉVRIER 1871
(D'après le tableau du peintre allemand A. von Werner).

*de la paix?* se demandent-ils. *Que nous réservent-elles encore de douleurs et d'humiliations?* » et on attend les nouvelles avec la plus vive impatience.

Dans la soirée du 26, le commandant des étapes se rend à la mairie pour annoncer officiellement la signature des préliminaires de la paix, mais il n'en dit pas davantage.

Le lendemain, il y retourne pour faire part de la mise en liberté des trente notables détenus à Nancy ; il ajoute qu'en raison du grand événement qui vient de se produire, le gouverneur de Lorraine veut bien abandonner le recouvrement des 32.000 francs des navires et des 81.000 francs du pont de Fontenoy.

« *Ça, c'est bien!* répond M. Spire, qui remplit les fonctions de maire.

— *Oui! mais ce qui l'est moins, c'est ceci.* » Et, en même temps, Gauby exhibe un mandat d'arrêt signé du comte de Bonin et, séance tenante, M. Spire est conduit dans une salle du château pour y accomplir ses huit jours de prison.

## M. le Gouverneur se refâche.

A la date du 2 mars, le comte de Bonin exige le paiement des contributions des mois de janvier et février fixées au total de 112.000 francs; les contributions qui n'étaient que de 16.000 francs pour chaque mois de l'année 1870 seront, pour chaque mois de 1871, de 56.000 francs.

Il est accordé jusqu'au 6 courant, dernier délai, passé lequel l'exécution militaire suivra.

Encore et toujours des menaces, malgré la signature de la paix !

## Conditions de la paix.

Le 3, on apprend par les Prussiens que l'Assemblée nationale a voté la paix et accepté les conditions du vainqueur; le lendemain, la Commandature fait connaître les clauses du traité de paix.

« *C'est épouvantable ! c'est la mort de la France !* »

L'Alsace moins Belfort, environ le quart de la Lorraine, c'est-à-dire la Moselle moins une partie de l'arrondissement de Briey; dans la Meurthe, les arrondissements de Sarrebourg et de Château-Salins; dans les Vosges, la partie qui touche à l'Alsace de l'autre côté de la montagne; tout ce magnifique pays est livré à l'Allemagne.

Ce n'est pas tout. Voilà pour le territoire et voici pour l'argent.

La France devra verser à la Prusse une indemnité de **cinq milliards** et, tant que cette somme fantastique n'aura pas été intégralement payée, les

Prussiens tiendront garnison dans le restant de la Lorraine.

« *C'est bien la fin de la France!* gémit-on, *ça ne leur suffit pas de nous enlever le meilleur pays du monde; ils réclament encore cinq milliards! Jamais on ne pourra les payer, mais vous ne savez donc pas ce que c'est que cinq milliards?* »

Et on fait toutes sortes de calculs : ainsi, en mettant des pièces de 20 francs les unes au bout des autres, pour une somme de cinq milliards on obtient un ruban d'or de 5.365 kilomètres !

« *Vous voyez bien*, dit un calculateur, *qu'on ne pourra jamais payer cinq milliards ; nous aurons les Prussiens sur le dos pendant toute notre existence!* »

Et les gens rentrent chez eux comme hébétés; c'est l'anéantissement.

# PENDANT L'OCCUPATION

### La danse des écus.

Grâce à un emprunt de 300.000 francs qu'elle vient de contracter au taux de 5 o/o, la ville, menacée d'un commencement d'exécution, peut se libérer des contributions de janvier et février.

Et le 6 mars, après avoir versé à Nancy, entre les mains du directeur des Contributions, Olberg, la somme énorme de 107.062$^f$87, M. Hachair, commis du receveur municipal qui remplit les fonctions de percepteur, pose la question suivante:

« *Maintenant que nos comptes sont définitivement réglés, que vous n'avez plus rien à réclamer à la ville de Lunéville, pourrait-on vous demander, Monsieur le Directeur, à titre de curiosité, un renseignement rétrospectif? Vous n'ignorez pas qu'à la date du 14 août les intendants prussiens ont exigé de nous une contribution de guerre de 700.000 francs, contribution qui n'a jamais été payée grâce à la bienveillante intervention de votre prince Fritz. Pour quel motif, s'il vous plaît, exigeaient-ils cette contribution?* »

Olberg répond : « *Uniquement parce que votre administration municipale n'avait pas prévenu notre intendance qu'il existait dans les magasins militaires des approvisionnements considérables!* »

Et M. Hachair dit en s'en allant : « *Grand merci du renseignement qui prouve que le choix des moyens ne vous embarrasse pas pour vous procurer de l'argent!* »

## Les prisonniers n'ont pas été échangés.

A la date du 10 mars, la ville qui, depuis le 13 février, a toujours à sa charge l'entretien de cinq cents prisonniers français rapatriés pendant l'armistice pour être échangés, sollicite, par l'organe de son maire, l'autorisation d'établir des feuilles de route, pour leurs foyers ou leurs régiments respectifs, à ces hommes livrés à une oisiveté des plus nuisibles, ainsi qu'aux convalescents au nombre d'environ six cents, exposant que cette mesure serait d'un grand soulagement pour les finances municipales ; mais, selon son habitude, S. Exc. le comte de Bonin ne daigne pas répondre et, malgré la paix, les ambulances et les casernements restent combles.

## Démission de M. E. Keller.

Tel est le dernier acte administratif de M. Edmond Keller vis-à-vis de l'ennemi ; car, le lendemain, devant le Conseil municipal réuni à cet effet, il rappelle qu'à la séance du 18 février il avait manifesté l'intention de se retirer, le résultat des élections à l'Assemblée nationale lui ayant enlevé une partie de son autorité, mais que les exigences de la situation lui avaient fait un devoir de demeurer au milieu de ses collègues jusqu'à la fin des hostilités ; il déclare ensuite que, les préliminaires de la paix étant signés depuis dix jours, les charges imposées à la ville par l'étranger étant acquittées et le pouvoir des fonctionnaires allemands devant prochainement cesser, il se croit en conscience obligé de résilier ses fonctions de maire, d'autant plus qu'il était déjà, en raison de ses occupations privées, décidé à agir de même lors de son entrée à la mairie.

Et le Conseil, tout en regrettant de voir M. Keller persister dans sa résolution, accepte sa démission et lui renouvelle ses vifs remerciements pour la part dévouée qu'il a prise à l'administration de la ville.

## État de guerre ou état de paix, c'est toujours l'invasion.

M. Majorelle, remplissant les fonctions de maire, ne craint pas non plus de faire respecter l'autorité municipale par les Prussiens.

Le 17 mars, il écrit au commandant des étapes d'interdire les promenades à cheval et en voiture des officiers de l'armée allemande et de leurs femmes à travers les Bosquets, ainsi que les exercices et manœuvres au Champ de Mars au delà des limites du terrain appartenant à l'État, lequel ne couvre qu'une superficie de 12 hectares, le reste étant ensemencé.

A cette date, les troupes d'occupation se composent de six compagnies d'infanterie, une batterie d'artillerie et deux escadrons de cavalerie entièrement logés chez les habitants. Cette garnison arrivée depuis quatre jours exige, avant de prendre possession des casernements, de nombreuses réparations, des installations nouvelles et un matériel considérable ; la population ne constate aucune différence entre l'état de paix et l'état de guerre.

Le Conseil municipal est tellement outré des procédés allemands qu'au cours de sa réunion du

18 mars, il décide que la rue d'Allemagne prendra immédiatement le nom de rue de Lorraine.

Manifestation anodine! dira-t-on; mais par quel autre moyen nos édiles peuvent-ils mieux exprimer leur haine du vainqueur?

## Meurtre de M. Duchêne.

Dans l'après-midi du 22, vers 4 heures, M. Duchêne, marchand de farine, fait sa promenade habituelle; arrivé en haut de la rue des Trottoirs, il siffle son chien; l'animal n'obéissant pas, son maître crie : « *Bismarck!* »

A cette appellation, un officier prussien se précipite sur celui qui l'a prononcée; il l'accable d'injures, lui reprochant *d'oser donner à son chien le nom du premier patriote allemand, du plus grand homme d'État du monde entier.* De plus en plus furieux, l'officier frappe notre concitoyen avec la dernière violence.

Des passants cherchent à s'interposer, mais le barbare les menace du sabre. Au comble de la fureur, revenant vers sa victime, il la larde de coups de sabre jusqu'à ce qu'elle tombe, puis il ordonne à des soldats de l'emmener à la Place et M. Duchêne, perdant son sang en abondance, est traîné dans cet état au poste principal de la place du Château.

Comme un coupable, l'honorable négociant doit encore subir un interrogatoire à la suite duquel le capitaine de service veut bien consentir à sa mise en liberté, en raison de son extrême faiblesse ; transporté à son domicile, Grande-Rue, le malheureux rend le dernier soupir dans la matinée du 24.

Voici en quels termes le maire-adjoint porte à la connaissance du commandant des étapes, chef direct du meurtrier, la mort de M. Duchêne :

Lunéville, le 24 mars 1871.

Monsieur le Colonel,

J'ai le pénible devoir de vous faire part de la mort de M. Duchêne qui a succombé, ce matin, à ses blessures.

Vous savez que le meurtier de notre infortuné concitoyen est l'officier Wolfart, adjoint à la Commandature.

Veuillez agréer, etc.

MAJORELLE.

Et, le même jour, par un train entré en gare à midi, le fils de la victime, médecin militaire, arrive à Lunéville, en permission d'un mois, après la dure campagne de France.

Pendant le trajet de la gare à l'angle de la rue de Metz, tout à la pensée de surprendre ses parents, il ne prête pas attention aux commentaires du public sur le triste événement ; aussi, lorsque le jeune major se trouve brusquement devant le cadavre de son père, l'immense douleur qui l'étreint impressionne-t-elle vivement les témoins de cette scène tragique.

Et, loin de calmer la fureur allemande, le meurtre de M. Duchêne ne fait qu'exciter l'arrogance brutale et grossière des officiers, au point qu'au cours des obsèques, au moment où le cortège funèbre passe rue du Château, après la cérémonie religieuse, quatre soudards ricanant le coupent derrière la famille.

### Le premier sous-préfet de la République.

« *Quand verrons-nous la fin de nos souffrances ?*

« *Le Gouvernement nous abandonne-t-il, nous a-t-il donc livrés nous aussi aux Prussiens, puisque depuis un mois que la paix est signée, nous n'avons pas encore de sous-préfet pour traiter, de puissance à puissance, avec les Gauby et autres comtes Renard ou de Bonin ?* »

Telle est la plainte unanime du Conseil municipal.

O surprise ! ces exclamations, entendues des dieux, ont le résultat de faire surgir, comme un diable vert de sa boîte, un sous-préfet en la personne de M. Léon Parisot, notaire, qui, au dire des gens bien informés, a sa commission en poche depuis plus de cinq mois.

Le 26 mars, la mairie a enfin l'avantage d'adresser, au premier sous-préfet de la République, une supplique ainsi conçue :

Monsieur le Sous-Préfet,

Nous sommes heureux d'apprendre votre retour à Lunéville pour vous exposer la situation intolérable dans laquelle nous nous débattons et pour recourir à votre intervention à l'effet d'obtenir du Gouvernement qui, jusqu'à ce jour, nous a laissés dans l'abandon le plus complet, l'envoi d'un sous-intendant dans notre ville.
Surchargés et menacés de passages de troupes incessants, nous attendons, avec impatience, ce fonctionnaire militaire, car notre situation, en se prolongeant, amènerait fatalement des inconvénients, dont il est inutile de vous signaler la gravité.
Agréez, etc.

MAJORELLE.

## Les héros de Bitche à Lunéville.

Dans l'après-midi du 27 mars, un lieutenant français du 86ᵉ de ligne traverse la place Léopold ; il est questionné par un groupe de citoyens auxquels il apprend qu'il arrive de Bitche avec son bataillon et qu'il profite d'un arrêt du train pour se renseigner sur le sort d'un de ses anciens frères d'armes, originaire de Lunéville, le lieutenant Kesternich.

— « *Inutile d'aller plus loin,* fait un citoyen, *votre camarade a été tué à Sedan.* » (1)

L'officier s'en retourne à la gare accompagné du groupe ; il y a déjà foule pour admirer les vaillants défenseurs de Bitche qui rejoignent leur régiment avec armes et bagages.

On voit une douzaine de canons sur des wagons plats que les braves ont entourés de branchages. Tous ceux qui assistent à ce spectacle réconfortant sont comme enthousiasmés et changés de milieu ; ils se rendent compte de l'énergie et de l'héroïsme qu'il a fallu à cette poignée d'hommes, 800 fantassins et 200 artilleurs, pour tenir l'ennemi en respect pendant toute la campagne.

Des vivres et des rafraîchissements sont rapidement distribués ; on boit à la revanche et à la France, dont les vaillants soldats de Bitche, à l'exception de leur chef, le commandant Teyssier, ont ignoré les désastres.

---

(1) Le sous-lieutenant Eugène Kesternich fut tué, non pas à Sedan, mais à Beaumont, le 30 août, à 11h 30 du matin. Les 1er et 3e bataillons de son régiment étaient bivouaqués à 1 kilomètre au sud de Beaumont, quand ils furent surpris par la canonnade partie du bois de Dieulet. Kesternich fut tué l'un des premiers par un éclat d'obus. Son compatriote, le capitaine adjudant-major Charles-Alfred Perken, du 3e bataillon du 86e, arrivait à cheval avec son chef de bataillon, le commandant Mathis, quand un obus vint éclater sur la cuisse gauche du commandant, blessant mortellement les deux cavaliers et tuant les deux chevaux (*Revue d'Histoire*, avril 1906, p. 194).

Un sous-officier d'artillerie, le verre en main, réédite la phrase historique : « *Tout est perdu, fors l'honneur !* » Le même sous-officier donne des détails sur le siège de la forteresse et la mort du maréchal des logis Aubert, de Lunéville, qui a eu le ventre ouvert par la mitraille, le soir du premier bombardement.

Mais voici le signal du départ, les mains se serrent, on s'embrasse et c'est aux cris répétés de : « *Vive la France ! Vive Bitche ! Vive le 86ᵉ !* » que le train reprend sa marche dans la direction de Blainville, pendant que le poste prussien de la gare rend les honneurs, en présentant les armes aux officiers français (1).

Le lendemain on ne parle encore que de Bitche, on discute sur les combats, sur les chances de la guerre : « *Si les autres*, dit-on, *avaient été de la trempe du commandant Teyssier !* » On se monte la tête et on oublie, un instant, la réalité.

## On rentre.

La poste française est rétablie ; les fonctionnaires des diverses administrations retrouvent leurs anciens appartements (mais dans quel état !) ; la gendar-

---

(1) Au moment où le train se remit en route, un clairon du 86ᵉ, debout au milieu des canons, sonna la charge et ne s'arrêta que quand il fut à bout de souffle (L. D.).

merie revient dans sa caserne (elle est propre, la caserne!); le personnel de la Compagnie de l'Est est là également qui brûle du sucre dans les divers bureaux de la gare et le logement du chef : enfin on arbore au fronton de l'hôtel de ville un drapeau tricolore flambant neuf !

Gauby installe ses bureaux rue de la Gare, n° 10, maison Danser, après laquelle il fait apposer la pancarte COMMANDANTUR FÜR ETAPPEN.

Est-ce la paix cette fois ? Les Allemands vont-ils nous laisser tranquilles ? Non, c'est toujours l'état de guerre, car le 28 mars, un détachement prussien arrivant par Viller ramène avec lui trois jeunes gens faits prisonniers, les frères Joseph, Émile et Théodore Diot de Chassey-lès-Scey (Haute-Saône), coupables d'avoir manqué de respect aux ennemis de leur patrie. Les malheureux sont conduits au quartier des Carmes et enfermés immédiatement à la salle de police.

## Protestation du Conseil municipal contre la Commune.

Le retour au pays des enfants de Lunéville, engagés volontaires pour la durée de la guerre, la plupart venant de Suisse, coïncide avec l'entrée en gare du premier convoi de prisonniers rapatriés.

On dirait qu'on les a choisis dans les 300.000 à 400.000 Français internés en Allemagne : l'œil vif, l'air décidé, tous paraissent dégourdis, loustics. Ce sont, en effet, des dégourdis qui, voulant profiter du premier départ pour la France, ont déclaré à leurs geôliers être originaires des provinces perdues; il y a, parmi eux, des Normands, des Bourguignons, des Lyonnais, des Gascons, excepté des Lorrains ou des Alsaciens, ceux-ci étant descendus à Strasbourg.

Les pauvres diables ne se doutent guère qu'ils ne sont sortis du camp de la misère que pour tomber dans celui de la douleur; car, le lendemain de leur arrivée, ils sont rembarqués à destination de Lagny.

Vaincus par l'étranger, les Français se battent entre eux !

Le 18, une révolution a éclaté à Paris et l'on se demande pourquoi, puisqu'on est en République !

La garde nationale qui, paraît-il, n'a pas fait parler d'elle pendant le siège, fait maintenant parler la poudre.

On raconte qu'obéissant aux ordres d'agitateurs politiques, elle s'est soulevée contre le Gouvernement qui a son siège à Versailles, lui en opposant un autre appelé « La Commune » !

Et l'on apprend, avec la plus profonde tristesse que, des hauteurs de Saint-Cloud et du Mont-Valérien, l'ennemi assiste au spectacle de cette lutte fratricide, contemplant avec orgueil le couronnement de son œuvre de destruction par des mains françaises.

Personne ne peut s'expliquer ce soulèvement sacrilège ; aussi le Conseil municipal de Lunéville s'empresse-t-il de protester en ces termes contre l'insurrection de la capitale :

*Le Conseil municipal de Lunéville, également dévoué à l'ordre et à la République, croit remplir le plus impérieux devoir en protestant de la manière la plus énergique contre la tentative criminelle de l'insurrection qui s'est emparée de Paris et qui ose menacer le gouvernement légal émané du suffrage universel, dans un moment où la France a plus que jamais besoin de toutes ses forces pour réparer ses désastres et quand l'ennemi foule encore le sol de notre malheureux pays.*

Et ont signé : MM. Didiot, Evrat, Jeannequin, Keller, Maire, Majorelle, Poirine et Spire.

## Gauby rançonne toujours. Sans-gêne des Prussiens.

Le commandant des étapes ordonne comme en pays conquis ; c'est encore et toujours l'état de guerre ! Le dictateur prussien continue à affranchir les fournisseurs de viande de l'armée allemande du paiement des droits d'octroi et de l'obligation d'amener le bétail à l'abattoir municipal.

La ville ne peut s'opposer aux exactions de Gauby ; mais elle réserve ses droits, au double point de vue de l'hygiène publique et de ses intérêts financiers, en faisant dresser des procès-verbaux contre les fournisseurs contrevenants.

Avant de caserner la garnison logée chez les habitants, le despote commande, aux frais de la ville, treize tables, vingt-trois bancs par compagnie, escadron ou batterie, une petite armoire pour chaque homme et le remplacement des planches à pain et des râteliers d'armes brûlés par les Prussiens au cours de l'hiver.

Il fixe à 40 centimes par kilomètre et par cheval le salaire à payer, pour le transport des bagages de l'armée allemande, aux voituriers qu'il réquisitionne et qui sont MM. Martel, rue d'Alsace, 43 ; Clausse, rue de Jolivet, 5 ; Desroches, place Léopold, 4 ; Mangin, rue du Cimetière, 1 ; Bertrand, rue de Viller, 31, et M<sup>me</sup> veuve Adam, à Ménil, 23.

Dans une réunion tenue à la mairie, les intéressés protestent contre les abus d'autorité du commandant des étapes : M. Desroches n'a jamais été rémunéré pour les attelages qu'il a fournis précédemment ; un autre n'a touché que 15 francs au lieu de 50, prix convenu ; un troisième, qui avait transporté jusqu'à Blâmont les bagages d'un bataillon, n'a reçu en paiement que des injures, heureux encore d'échapper aux mauvais traitements des soldats.

Tous refusant de se soumettre aux injonctions du commandant des étapes, celui-ci fait procéder aux réquisitions par la force armée.

La réclamation de la mairie au sujet des Bosquets étant restée lettre morte, le maire, à la date du 7 avril, réitère à Gauby ses recommandations; il le prie instamment de faire cesser les promenades à cheval qui effraient les femmes et les enfants et d'empêcher les officiers de cueillir les fleurs des massifs et des plates-bandes.

Il ajoute que chaque passage de troupes retournant en Allemagne est l'occasion de graves désordres en ville, la police étant impuissante à faire sortir les soldats des auberges et cafés à l'heure réglementaire.

« *Peccadilles que tout cela! il faut bien que les vainqueurs fassent la fête avant de rentrer dans leurs familles!* », répond Gauby qui, non content d'approuver les agissements de ses compatriotes, demande encore au maire de mettre à sa disposition la salle de spectacle pour une représentation théâtrale par des artistes allemands avec le concours de la musique militaire.

La dictature prussienne devient de plus en plus insupportable.

## Les deux préfets.

Le 19 avril, la mairie de Lunéville est avisée que le préfet allemand remet, le même jour, ses pouvoirs au préfet français ; l'avis est intéressant en ce sens qu'il est libellé comme s'il s'agissait d'une simple mutation entre fonctionnaires de même nationalité. Il est question du préfet impérial qui remet le service au préfet de la République.

Et aussitôt le maire porte à la connaissance du représentant du Gouvernement français les abus d'autorité du commandant des étapes par une lettre dont voici la conclusion : « *Je sollicite, à la fois, votre appui auprès de l'autorité allemande et vos instructions pour en finir avec les exigences de la Commandature.* »

## Oh ! les sales bêtes !

Les volontaires de Lunéville qui n'ont pas été faits prisonniers sont maintenant rentrés dans leurs familles. Le premier soin des jeunes patriotes a été de se débarrasser de la défroque qu'ils avaient sur le dos, stigmate de honte et de misère ; la maman brûle tout, linge, capote, pantalon, pour éviter l'empoisonnement du ménage par la vermine.

« *Mon pauvre enfant, toi si propre! tu en es cousu! Comment as-tu fait?*

« — *Qu'est-ce que tu veux, maman! ce n'est pas ma faute, ça a commencé par un pou qui est tombé malade et ses camarades sont venus le voir, nombreux! Alors, tu comprends!* »

Et l'on rit de la boutade.

## Le retour des prisonniers.

Les trains de prisonniers de l'Allemagne se succèdent régulièrement ; chaque jour en amène un ou deux. Un bureau de rapatriement comprenant cinq officiers, dont le lieutenant Pierson, de Lunéville, est installé à l'Orangerie. Sur leur déclaration, la plupart d'entre eux ne possédant pas de livret militaire, les soldats de la classe 1863, les engagés pour la durée de la guerre, les mobiles sont renvoyés directement dans leurs foyers.

Les hommes n'ayant pas terminé leur temps de service sont dirigés sur les dépôts de leurs régiments, au fur et à mesure de la mise en marche des trains français ; grenadiers et voltigeurs de l'ex-Garde impériale sont versés dans la ligne, aux régiments portant les n⁰ˢ 94 à 100.

Il mérite d'être signalé le cas de deux mobiles de la Gironde qui, en captivité, avaient troqué leur capote lie de vin contre le costume du 3ᵉ zouaves ; les uniformes qu'ils portent sont encore en bon état, ayant appartenu à des combattants de Frœschwiller. Les deux Gascons veulent absolument être envoyés à Bordeaux ; ils prétendent avoir fait campagne dans le bataillon du commandant de Carayon-Latour. Malgré leur protestation, on les expédie à « la Commune » ; car, après l'arrivée de chaque convoi, un tri est fait parmi les prisonniers ; les plus valides et les moins déguenillés sont embarqués d'office pour Lagny ou le camp de Satory, et c'est la mort dans l'âme que les rapatriés vont faire le coup de feu contre leurs frères égarés.

Les officiers reviennent d'Allemagne en tenue civile ; ils ont acheté là-bas le veston à parements verts ou la redingote à la dernière mode de Berlin. On a l'impression que les anciens combattants de Crimée et d'Italie sont humiliés d'appartenir à une armée qui vient de subir le désastre le plus effroyable des temps anciens et modernes. Et déjà, ils prononcent le mot de revanche :

« *Dans quatre ou cinq ans,* disent-ils avec irritation, *quand la France aura reconstitué son armement et son matériel de guerre, nous laverons la honte de Sedan ! Ce ne sera pas difficile, les Prussiens ont été favorisés par un concours de circonstances qui ne se renouvelleront plus !* »

Les officiers séjournent à peine à Lunéville ; ils

prennent les trains ordinaires pour rejoindre leurs régiments.

En se rendant à la gare, le colonel Plagny, du 5ᵉ hussards, autrefois en garnison à Lunéville comme capitaine, s'arrête au café du Midi où il raconte que *ce qui l'a le plus frappé à Cologne, lieu de son internement, ce n'est ni le pont du Rhin, ni la cathédrale ; c'est, simplement en toute sincérité, l'organisation remarquable du service de la poste. Il a eu l'occasion de voir à la gare de Cologne des habitants de la ville et de la campagne porteurs de petits paquets de linge et de charcuterie, destinés à leurs fils, soldats en France ; sur chaque paquet, il y avait une adresse qui étonnait le colonel ; en voici un exemple :*

Franz OTTHMANN,

*fusilier au régiment prussien n° 73,*

11ᵉ compagnie,  en FRANCE.

« *Et les paquets arrivent aux destinataires ?* » demandait le colonel aux envoyeurs.

— « *Aussi régulièrement et aussi facilement que s'il s'agissait d'un colis expédié en temps ordinaire de Cologne à Mayence !* », lui répondait-on.

## Un type de parvenu (1).

Cependant, depuis le 30 mars on voit, par les rues de Lunéville, déambuler un phénomène, *un officier* vêtu d'une capote d'infanterie ornée de l'insigne de lieutenant ; le personnage intrigue *ses camarades* du bureau de rapatriement et ceux-ci apprennent par la mairie l'état civil du Lunévillois qui a eu, en quatre mois, un avancement si rapide : Joseph L..., né le 25 septembre 1837, manœuvre, demeurant faubourg d'Einville, n° 16, engagé pour la durée de la guerre, rentré dans ses foyers avec le grade de lieutenant : « *Tu dois comprendre*, répète souvent à sa femme le néo-galonné, *que ma dignité ne me permet plus de rester avec toi !* »

Mais L... manque plutôt de dignité, car ses voisins aperçoivent chaque jour un uhlan, commandé de corvée, apporter la soupe et le pain au domicile de *Seppi*, nom familier donné à L..., par l'escadron des Carmes. Et la ville, pour faire cesser le scandale, est obligée d'acheter au magasin Halimbourg une veste et un pantalon de droguet pour ce singulier officier auquel l'autorité française interdit le port de l'uniforme.

---

(1) Voir Annexe n° 11.

## A la Sous-Intendance.

Dans la matinée du 26 avril, M. Seligmann, rentrant de captivité, arrive à Lunéville.

Il établit provisoirement ses bureaux à l'Orangerie; sa première visite est pour la mairie où il est impatiemment attendu et, aussitôt, les services de la sous-intendance fonctionnent, au grand soulagement de l'Administration municipale, convaincue qu'elle n'aura plus à s'occuper de l'armée allemande qu'à l'occasion du passage des troupes pour la confection des billets de logement.

Le même jour, une commission de plusieurs notables et conseillers municipaux est formée, sous la présidence du sous-intendant, dans le but de fixer le chiffre des dépenses causées à la ville de Lunéville, par les pillages, déprédations et réquisitions de l'ennemi et d'en obtenir le remboursement de l'État. Un aperçu sommaire de la situation laisse supposer que le million sera dépassé.

## Le menu des prisonniers.

Et voilà que l'hôpital se remplit de nouveau ! Un grand nombre de prisonniers ne peuvent aller plus loin; ils sont anémiés; la nourriture qu'on leur servait en captivité leur répugnait.

La soupe : gélatine extraite de rebuts de viande!
« *A la colle!* » criait-on à la sonnerie de la soupe.

Le pain : boule informe fabriquée d'issues de sarrasin! Quand, pour se distraire, les prisonniers jouaient à la boule, celle-ci restait parfois fixée au mur de la forteresse, le *boulanger* (?) ne la laissant jamais au four le temps nécessaire à la cuisson.

Le dessert : des pruneaux dans du riz! horrible mélange offert le jour de Noël! « *Nos cochons n'en auraient certainement pas mangé!* » affirment les prisonniers.

Le fait est que, pour le pain, un sous-officier en ayant rapporté de Posen deux boules à titre de curiosité, et M. Marchal, qui tient une des cantines de prisonniers, en ayant jeté à son chien un morceau arrosé de jus de viande, l'animal l'a reniflé et s'est enfui comme épouvanté.

### Les frères Diot sont relâchés.

L'autorité allemande met en liberté les frères Diot de la Haute-Saône; ceux-ci, se trouvant sans aucunes ressources, vont à la sous-intendance demander des feuilles de route comme prisonniers de guerre; mais les trois jeunes gens n'étant pas soldats, la sous-intendance les envoie à la mairie qui, à son tour, les adresse à la sous-préfecture où, enfin, il leur est délivré une réquisition pour leur transport en chemin de fer jusqu'à Vesoul.

## La bonté de Gauby.

On a subi la guerre, l'invasion, le typhus, la variole ; et maintenant Prussiens, Bavarois et Saxons, de passage à Lunéville et s'en retournant par étapes en Allemagne, garnissent de vermine les maisons dans lesquelles ils sont hébergés.

La peste bovine règne à Einvaux, Laronxe, Fraimbois, Bénaménil et Moyen ; et voici que le commandant des étapes fait son possible pour amener la peste au milieu de la population de Lunéville.

Dès le 25 avril, Gauby a installé un abattoir dans la cour du Rocher ; il y a là un puisard rempli de sang corrompu et de débris de toutes sortes en putréfaction, répandant une odeur infecte et dangereuse pour la santé publique.

C'est la réponse du reître au préfet français qui le priait de vouloir bien faire passer par l'abattoir municipal le bétail destiné à la nourriture de la garnison.

Au 31 mai, la garnison comprend 43 officiers,

1.113 sous-officiers et soldats, 1.267 chevaux formant deux régiments de cavalerie, une section d'infanterie et une section d'infirmiers.

Sous prétexte que l'armée confédérée est, aux termes d'une convention signée entre la France et la Prusse, exonérée des droits de douane, Gauby prétend que, pour l'octroi, « *c'est toute même chose* » et, malgré les invitations réitérées de la préfecture, il se refuse à payer.

Les officiers de uhlans continuent, à toute heure de la journée, leurs promenades à cheval à travers les Bosquets, menaçant du sabre les deux gardes lorsque ceux-ci se permettent de leur observer très respectueusement qu'ils enfreignent les règlements : « *Rèklement nix comprend!* » telle est la réponse moqueuse des uhlans.

En représentant Gauby comme un ennemi, on le calomnie ; c'est un modèle de douceur qui a toujours été d'une extrême bonté pour les Lunévillois ; la preuve qu'il ne veut que leur bonheur, c'est l'empressement, la délicatesse qu'il met à annoncer au maire l'augmentation de la garnison : « *Il fa afoir drois réchiments kâfalerie, pône affaire pour commerçants!* » dit-il ; mais mauvaise pour la ville, car celle-ci, sans aucune compensation, puisque les Prussiens ne paient pas l'octroi, devra verser 11.000 francs, à titre de frais de premier établissement par régiment, soit, pour la nouvelle garnison,

33.000 francs auxquels s'ajoutera une mensualité de 400 francs réclamée pour l'entretien, dans une aile du Château, du casino des officiers.

Le maire, M. Majorelle, prise médiocrement la sincérité des sentiments manifestés par Gauby à qui il oppose le *Timeo Danaos* de Virgile ; le commandant des étapes sourit, renouvelant sa proposition :

« *Fous aurez drois réchiments ! Pône affaire pour commerçants !* » répète-t-il en prenant congé du maire, et celui-ci rend compte de l'entretien au préfet par une lettre où, après avoir expliqué que la ville est dans l'impossibilité de fournir la moindre subvention, il conclut :

« *J'ai lieu de croire que* la garnison définitive de Lunéville ne dépassera pas trois régiments, un état-major et une ambulance, et que, dans ce cas, les établissements militaires seront largement suffisants pour loger hommes et chevaux.* »

## Sous la domination prussienne.

Garnison définitive ! Dans leur laconisme, ces deux mots en disent plus qu'un long exposé, et le maire, en les employant, exprime bien la sensation de ses concitoyens qui, malgré le retour de l'Administration française, demeurent sous le régime du

(Cliché A. Grados.)

sabre, sous la domination brutale du vainqueur; personne ne prévoit quand cessera cette domination.

Dans cinq ans au plus tôt! espèrent les optimistes, la France parviendra peut-être à payer 1 milliard chaque année.

Les Prussiens font absolument ce qu'ils veulent; aucune considération ne les arrête et l'occupation provisoire, jusqu'à complet paiement de l'indemnité de guerre, devient aussi douloureuse aux habitants de Lunéville que l'est aux Strasbourgeois et aux Messins l'annexion de leurs cités à l'empire d'Allemagne.

Et c'est, pour le Conseil municipal, la lutte du pot de terre contre le pot de fer quand le commandant d'armes sollicite, réclame, exige ou requiert le concours de la ville.

A l'occasion du futur changement de garnison, le général demande à la ville de mettre à sa disposition le grand Salon des Halles pour y donner des concerts. Le Conseil, appelé à en délibérer, décide, à la majorité de quatorze membres sur vingt et un, de ne pas opposer un refus formel qui pourrait entraîner des conséquences fâcheuses pour la population, et, sous certaines conditions, l'usage du Salon des Halles est accordé au général prussien.

## La liquidation commence.

68.120ᶠ55, tel est le montant des paiements effectués par la ville pour le fonctionnement de l'hôpital du 6 décembre au 31 mars. Les dépenses concernant le logement des troupes allemandes pendant la période du 14 août 1870 au 2 mars 1871 atteignent 114.656 francs.

Le montant des droits d'octroi que Gauby s'est refusé à acquitter figure pour une somme de 26.299ᶠ94.

Et la mairie écrit à la préfecture, à la date du 30 août 1871, qu'il serait de la plus grande utilité que la ville rentrât immédiatement dans ces avances qui forment un premier total de 212.075ᶠ69.

## Les rabioteurs.

Le rapatriement des prisonniers français est terminé ; il y en avait, paraît-il, 377.824 ! plus du tiers sont passés par le bureau de Lunéville.

Toutefois, on raconte que les Allemands ont fait faire du *rabiot* aux fortes têtes et, en effet, on voit encore arriver un certain nombre de soldats, quelques-uns affublés de façon baroque.

Un de ces *rabioteurs* excite à la fois la curiosité et

(Cliché A. Grados.)

le rire des passants ; il est coiffé du bonnet de police des grenadiers de la Garde ; il a sur le dos le kurka du 2ᵉ lanciers et aux jambes la culotte des zouaves.

Le loustic vient du camp de Lechfeld où, après le départ de ses camarades, il a été retenu deux mois en prison, uniquement pour avoir répondu « *Mange!* » au commandant du camp qui avait été grossier envers lui.

### Pauvre Château.

On est au 1ᵉʳ septembre 1871 ; sur la demande du maire, et pour éviter une indemnité de logement très élevée, le génie procède à l'aménagement de l'ancienne demeure du général de Bonnemains destinée au général de Rœdern.

Ce général, qui prend le commandement de la brigade composée des 11ᵉ dragons (Oldenbourg) et 5ᵉ hussards (Blücher), est encore à Dijon, ville qui sera évacuée pour la fin du mois.

## Le Conseil municipal demande le transfert à Nancy des Facultés de Strasbourg.

Le 30 septembre 1871, M. Majorelle communique au Conseil municipal, réuni à cet effet, une lettre du maire de Nancy exposant que le traité de paix, qui enlève l'Alsace à la France, prive les départements de l'Est des établissements d'instruction supérieure groupés à Strasbourg, et sollicitant l'expression d'un vœu qui réclame le transfert à Nancy des Facultés de Strasbourg.

Le Conseil, considérant que les malheurs de la guerre placent la France dans l'obligation de rivaliser avec l'étranger, d'opposer plus que jamais la science à la science et d'élever en face de la nouvelle université que l'Allemagne organise à Strasbourg, une université florissante où la jeunesse des provinces perdues pourra retrouver, avec la langue, les traditions intellectuelles et le génie de la France, émet, à l'unanimité de ses membres présents, le vœu que les Facultés de Strasbourg, et particulièrement la Faculté de Médecine, soient transférées à Nancy.

## L'invasion reprend.

Depuis huit mois la guerre est finie, mais les Prussiens continuent à s'abattre sur Lunéville.

Le 6 octobre 1871, la garnison, qui comprend trois régiments de cavalerie, uhlans, dragons, hussards, est augmentée d'un bataillon d'infanterie de 800 hommes logés chez les habitants.

Le maire, se faisant l'interprète de la population, adresse au préfet, à la date du 25 du même mois, une réclamation dont voici le passage principal :

« *C'est une véritable calamité pour mes concitoyens, logés à l'étroit, d'être obligés de supporter ces soldats, et cette charge est d'autant plus calamiteuse que les magasins d'approvisionnements de Lunéville ont pour conséquence de nous amener chaque jour des détachements des Vosges qui, venant se ravitailler, sont hébergés chez les habitants comme troupes de passage.*

*Je sais que ce n'est que sur les instances du commandant du bataillon que l'autorité allemande supérieure a pris la détermination de nous affliger de ce nouvel embarras ; aussi j'estime, Monsieur le Préfet, qu'il vous sera facile d'obtenir du général en chef de Nancy l'ordre d'évacuation de ce bataillon sur la localité qui lui était destinée.* »

Le préfet n'obtient rien, le bataillon reste à Lunéville et entre seulement en caserne le 10 décembre.

# 1872

## Si, en 1870, nous avons péché par ignorance, il ne faut pas que cela se renouvelle.

Ainsi pense le Conseil municipal en décidant, au cours de la session de février 1872, que le nombre des bourses du Collège sera illimité et la délibération porte : « Cette mesure est patriotique ; la force des armées modernes est dans l'instruction des officiers et des soldats. Tous les jeunes gens qui commencent actuellement leurs études seront appelés à servir leur pays ; l'honneur de la France veut qu'ils soient instruits, plus instruits que ceux qu'ils auront à combattre. »

## Après la vente des drapeaux, on habille à la prussienne la cavalerie légère.

Le fait suivant se passe à Lunéville dans l'après-midi du 16 avril 1872, vers 2 heures :

« *M. Courtot de Cissey, ministre de la Guerre, a*

*une façon à lui de comprendre la régénération de l'armée française qui n'est pas dans une musette!* »
Ainsi s'exprime, dans son langage de soldat, un ancien sous-officier d'Afrique en s'avançant vers un groupe de curieux qui, du parapet du Champ de Mars, regardent manœuvrer l'escadron des hussards de Blücher, commandé par le capitaine de Géniol; à ce moment, les cavaliers sautent la barre placée à 30 mètres du parapet, en face de Tivoli.

Et le retraité, arrivé de la veille à Lunéville, continue : « *Venez contempler l'ouvrage d'un ministre qui, pour infuser un sang nouveau à l'armée dont il est le chef, ne trouve rien de mieux que de l'habiller à la prussienne!* »

Le groupe suit le vieux brave; il y a, près de Tivoli, accoudés au parapet, un dessinateur qui prend des croquis et un maître tailleur, tous deux envoyés spécialement à Lunéville par le ministre de la Guerre, dans le but de copier l'uniforme des hussards de Blücher.

Interpellés, les deux envoyés de Paris avouent que le dolman des hussards prussiens va servir de type au nouveau dolman de la légère.

« *C'est tout de même un peu fort de café!* » s'écrie le sous-officier.

Et l'on voit sourire le capitaine de Géniol qui, ayant tout entendu, fait mettre pied à terre à deux cavaliers, face au dessinateur officiel, et celui-ci achève tranquillement son croquis.

Alors l'Africain, furieux, emmène avec lui les témoins de la scène et leur raconte, dans la traversée des Bosquets, une chose abominable, à savoir que ledit Courtot de Cissey, par une simple circulaire en date du 5 juillet 1871, a prescrit la vente, par l'Administration des Domaines, des drapeaux et des étendards échappés, pour une cause ou pour une autre, aux mains des Prussiens et que, lui, maréchal des logis au 4ᵉ chasseurs d'Afrique, il a vu, de ses propres yeux, le 11 décembre dernier, adjuger, à un brocanteur d'Oran nommé Touboul, avec un lot de vieiiles basanes, le drapeau du 92ᵉ de ligne pour cinquante-cinq sous, l'étendard du 1ᵉʳ chasseurs de France pour quarante-cinq sous et l'étendard du 2ᵉ régiment de spahis pour vingt-cinq sous (1).

« *Après celle-là, il faut tirer l'échelle !* gémit le briscard sous le passage du théâtre, *car l'homme qui a vendu aux marchands de bric-à-brac les drapeaux de Sébastopol et de Magenta, peut bien coller sur le dos de ses troufions l'uniofrme de l'ennemi qui nous a rossés à Waterloo et à Sedan !* »

---

(1) L'authenticité de cette vente des drapeaux a été mise en doute par un de nos lecteurs dont la haute compétence en matière militaire ne peut être négligée. C'est avec une profonde douleur que nous reproduisons, à l'annexe nº 12, le procès-verbal d'adjudication des drapeaux des régiments visés dans ce chapitre. C.

## La liquidation continue.

Le 15 avril, la Commission spéciale arrête à 103.884ᶠ 51 le chiffre des impôts indûment perçus par les Prussiens en 1870 et 1871 ; sur cette somme réclamée à l'État, celui-ci, en la personne du sous-intendant, veut retenir 17.648ᶠ 99, représentant la valeur du blé sauvé par la ville au moment de l'invasion et distribué, en farine, aux hospices et au bureau de bienfaisance.

« *Alors,* objecte le maire, *il valait mieux l'abandonner à l'ennemi?* », ce à quoi le sous-intendant ne répond rien, maintenant ses prétentions.

## En pays conquis.

Le 23 juin, le maire signale à l'attention du général de Rœdern les exploits de ses subordonnés :

1° Un hussard rouge, de faction à la porte de son colonel, logé rue de Moncel, n'a cessé, durant sa faction, de menacer, molester et brutaliser les passants, jetant à bas du trottoir ceux qui étaient à sa portée ; il alla même jusqu'à brandir son sabre sur la tête d'un citoyen inoffensif qui dut s'enfuir ;

2° La semaine suivante, à 2 heures du matin, des musiciens de dragons réunis à l'auberge Beau, 56, rue Banaudon, y faisaient un vacarme épouvantable ; la police, reçue à coups de sabre, n'a pu pénétrer dans l'établissement ;

3º Une autre fois, c'est un escadron de dragons qui est entré aux Bosquets par la porte de la rue de Lorraine et les cavaliers ont galopé en fourrageurs dans l'allée des marronniers jusqu'au Champ de Mars.

Et le maire termine sa plainte par cette phrase : « *Je crois, Monsieur le Général, qu'il me suffira de vous signaler ces faits pour qu'il ne s'en produise plus de pareils, ils pourraient amener des conflits entre vos soldats et mes concitoyens.* »

Depuis le commencement de l'année, le général de Rœdern a relevé le commandant des étapes du soin de protéger la ville ; le général parle et écrit correctement le français, ayant suivi, avec l'état-major du maréchal Pélissier, les opérations de la guerre de Crimée dont il porte la médaille commémorative.

En pince-sans-rire, il répond au maire que le factionnaire du colonel de hussards avait dû être provoqué ; qu'à l'auberge Beau, les musiciens fêtaient la nomination de l'un d'eux au grade de kapellmeister, et qu'en ce qui concerne la charge en fourrageurs, le fait était sans importance, lui-même ayant eu l'occasion, ces jours derniers, d'admirer les caracoles des chevaux des paysans dans la promenade, sous prétexte de concours de juments poulinières.

## Lâcheté et patriotisme.

Bien que ces deux mots hurlent d'être accolés l'un à l'autre, c'est bien le titre qui convient au récit suivant :

On sait que, jusqu'à la libération du territoire, le Gouvernement allemand a placé à Nancy le général de Manteuffel qui, en même temps qu'il commande l'armée d'occupation, administre la Lorraine pour le roi de Prusse.

De son côté, le Gouvernement français a opposé au général M. le comte de Saint-Vallier, diplomate d'une distinction remarquable, qui a reçu mission de contrôler les actes de l'autorité allemande, au besoin de résister à ses exigences, de mettre fin aux abus.

Mais M. le comte n'est pas de taille à soutenir la lutte, il n'a pas, comme le général, un sabre au côté ; les mauvaises langues disent qu'il s'est contenté d'apporter dans sa valise une certaine quantité de bâtons de guimauve, et elles ajoutent que la guimauve, excellente pour les cataplasmes, manque d'efficacité pour donner à M. le comte la force et le courage nécessaires à l'accomplissement des hautes fonctions dont il est investi.

Qu'on en juge : le 1ᵉʳ septembre 1872, le général de Rœdern manifeste son intention de fêter le lendemain l'anniversaire de Sedan par le déploiement du drapeau prussien au sommet du donjon du Château. M. Seligmann, sous-intendant de Lunéville, refusant de livrer les clés des combles, le général de Rœdern s'en plaint aussitôt à son chef, le général de Manteuffel, et celui-ci en réfère à M. de Saint-Vallier qui adresse à M. Seligmann l'ordre télégraphique de remettre les clés.

Et le sous-intendant, indigné, lui répond par la même voie en ces termes :

« *Permettrai pas qu'on arbore drapeau prussien donjon Château pour insulter foi patriotique habitants Lunéville ; remettrai pas les clés.* »

Grâce à l'énergie de M. Seligmann, le drapeau prussien n'est pas hissé en haut du Château.

## Fin de la liquidation.

Avec les contributions de guerre, l'estimation des réquisitions de toute nature, pertes, dégâts subis par la ville et les habitants, on arrive au chiffre de 828.394ᶠ05 qui viennent s'ajouter au montant des états déjà fournis.

## La petite guerre en 1872
## ou l'invasion pacifique.

Deux bataillons du 73ᵉ fusiliers de Verdun, les 9ᵉ et 19ᵉ dragons de Saint-Mihiel et Pont-à-Mousson, viennent faire la petite guerre autour de Lunéville ; ils sont hébergés dans les fermes et les villages voisins.

Les dragons et les uhlans de Lunéville s'en vont avec l'artillerie en faire autant entre Charmes et Épinal.

Les Prussiens appellent ce genre d'exercices les grandes manœuvres, pour l'exécution desquelles le Champ de Mars ne leur suffit plus.

Satisfait d'avoir soulagé le paysan de ses provisions, l'ennemi rentre dans ses casernements le 1ᵉʳ octobre, après quinze jours de simulacres de combats.

## La rançon.

L'emprunt national, émis en vue du paiement de la première moitié de la rançon, a réussi au delà de toute prévision et le Gouvernement de la République a pu expédier en Allemagne 2 milliards en or sur l'indemnité de guerre. Cette somme fantastique est passée dans des coffres de fer, en gare de Lunéville, par tranches de 200 millions, vérifiés, pièce par pièce, aussitôt réception à Strasbourg, par les agents allemands.

Des personnes bien informées assurent qu'un troisième milliard sera encore versé avant la fin de 1872 ; aussi, conformément aux clauses de la convention financière du 29 juin dernier, la Marne et la Haute-Marne vont être évacuées ; tant mieux pour ces deux départements, mais tant pis pour les Ardennes, la Meuse, la Meurthe et les Vosges qui devront subir la surcharge d'un nouveau corps d'armée et pourvoir, avec le territoire de Belfort, à l'entretien de 50.000 soldats allemands.

Le maire étant parvenu à convaincre l'autorité compétente que Lunéville avait son maximum de garnison par trois régiments de cavalerie, un bataillon d'infanterie avec l'état-major, une batterie d'artillerie et les services d'intendance et d'ambulance, c'est vers Baccarat et Blâmont qu'est dirigé le supplément de garnison destiné à l'arrondissement.

A cet effet, le Gouvernement avait envoyé, dans ces deux localités, des charpentiers de la marine qui y ont construit, avec rapidité, des baraquements commodes et solides dont les Prussiens prennent possession le 1er octobre.

Les Lunévillois ont confiance dans la vitalité de la France ; ils espèrent maintenant qu'ils seront débarrassés de l'odieuse domination étrangère plus tôt qu'ils ne s'y attendaient et cette idée de la délivrance les réconforte.

## Les options.

La date du 1$^{er}$ octobre 1872 est le terme fixé par le traité de Francfort pour les déclarations d'option ; les patriotes ont pris des mesures pour la triste échéance.

Depuis six semaines, un comité local s'est formé dans le but de recueillir des souscriptions, faciliter les options, fournir des moyens de transport, des vivres, des logements et procurer du travail aux malheureux Alsaciens-Lorrains qui veulent conserver la nationalité française.

Parmi les souscriptions du dehors, il y a lieu de citer celles du journal *Le Temps* 5.000 francs, de la Corse 3.500 francs, des comités marseillais 3.000 francs, havrais 2.000 francs, de Paris 1.000 francs, de Castelnaudary 500 francs, des dames de Wissembourg 358$^f$ 15 et de nombreux donateurs des provinces arrachées à la mère-patrie.

Le total des souscriptions atteint 30.863$^f$ 15.

Pendant la dernière semaine de septembre, le Comité d'Alsace-Lorraine siège nuit et jour, ainsi que le personnel de la mairie ; le nombre des options enregistrées à Lunéville s'élève à près de 13.000, chiffre supérieur à celui de la population qui, d'après le recensement du mois de mai, est de 12.369.

La date fatale est marquée de deux morts tragiques parmi les cinq cents annexés accourus ce jour à Lunéville pour manifester leur volonté de rester Français.

Sous le coup d'émotions que chacun devine, M. Georges Philipps, soixante-cinq ans, né et demeurant à Soultz-sous-Forêts, pris subitement d'un transport au cerveau, se précipite dans la rue, du second étage de l'*Hôtel du Chariot d'Or ;* M. Michel Hahn, de Lauterbourg, cinquante-six ans, ancien militaire, chevalier de la Légion d'honneur, meurt subitement dans une chambre de l'*Hôtel des Halles* en revenant de faire son option à la mairie.

Aux obsèques de ces deux patriotes, le deuil est conduit, en l'absence des parents, par les membres du Comité d'Alsace-Lorraine et, après les paroles d'adieu du secrétaire, un cri spontané de « Vive la France ! » sort de toutes les poitrines des nombreux annexés qui assistent à la triste cérémonie ; puis chacun se retire silencieux et recueilli.

Plus de deux cents familles originaires des provinces cédées à l'Allemagne, se sont déjà fixées à Lunéville ; le 2 octobre, les chefs de ces familles remercient la population en ces termes :

« *Fixés à Lunéville depuis l'annexion, nous avons été profondément touchés de l'accueil sympathique et empressé qui nous a été réservé et nous adressons nos chaleureux remerciements à la patriotique population qui nous a reçus en frères. Si nous avons dû quitter les lieux aimés, le toit paternel, briser nos relations de tous les jours, sacrifier nos intérêts et recommencer une existence nouvelle, nous faisons, du moins, toujours partie de la grande famille française, au milieu de laquelle nous attendrons des jours meilleurs pour notre patrie.* »

Les Alsaciens-Lorrains, qui ont opté pour la nationalité française, n'ont que jusqu'au 5 octobre pour quitter le pays où ils ont toujours vécu ; ce délai étant bien court pour ceux qui ont des affaires à arranger, on négocie en leur faveur pour qu'ils aient le droit de demeurer encore en Alsace-Lorraine à titre d'étrangers avec un permis.

C'est M. de Saint-Vallier qui est chargé des négociations, mais on doute fort qu'elles réussissent.

Le contre-coup de cette mesure draconienne a sa répercussion sur le Collège qui, à la rentrée d'octobre 1872, compte cent quarante internes, chiffre qui ne s'est pas encore vu.

## Monument commémoratif.

Dans une réunion publique tenue le 24 novembre au Salon des Halles, sous la présidence du commandant Brisac, il est décidé qu'un monument sera élevé, par souscription, sur une des places, à la mémoire des soldats morts pendant la campagne, appartenant aux arrondissements de Lunéville et de Sarrebourg, dans le but de conserver le souvenir de la guerre de 1870-1871 toujours vivace parmi les générations futures.

## L'instruction des recrues.

Les recrues allemandes font leurs classes à pied, par la pluie ou le froid, dans les cours des quartiers, place des Carmes, aux Bosquets et même place Léopold où l'on voit une cinquantaine de hussards apprendre le pas de parade pendant deux heures de suite.

Le maniement du sabre étonne les badauds ; quand les cavaliers présentent l'arme, ils ont l'air d'avoir un cierge à la main.

Et l'on se demande comment de pareils automates ont pu vaincre les soldats les plus agiles, les plus valeureux.

Les fusiliers du 73ᵉ font l'exercice aux Bosquets. De temps en temps, leur colonel, qui demeure

MONUMENT COMMÉMORATIF DE 1870-1871

(Cliché T. Henry.)

place Saint-Jacques, maison Marchal, ébéniste, vient se rendre compte du degré d'instruction des jeunes soldats.

Il est toujours accompagné de sa fille qui monte un petit cheval arabe pris à Sedan (pauvre cheval!) et le père également à cheval, paraît fier d'avoir au côté le sabre d'un officier français.

Les caporaux et sous-officiers rectifient les positions défectueuses des recrues par des appellations où les mots « *Holzkopf* » et « *Schweinkopf* » reviennent souvent; les officiers joignent parfois le geste à l'observation.

Un grand lieutenant, pour faire lever la tête des hommes de sa compagnie, leur passe sous le nez le bout allumé de son cigare. L'officier varie ses plaisirs; il frotte aussi, avec une petite baguette, les oreilles de ceux que le sergent désigne à son attention comme ayant la tête dure.

Si l'exécution d'un mouvement laisse à désirer, l'officier saisit le fusil du maladroit auquel il martyrise l'épaule à coups de crosse.

Les soldats ne bronchent pas, bien que la douleur et le froid leur arrachent des larmes que l'on voit couler le long des joues.

A la pose, il n'y paraît plus rien; sous la férule du sergent, les recrues devisent ensemble sur la grandeur de l'Allemagne et l'abaissement de la France. Quelles brutes!

# 1873

## La date de la libération du territoire est fixée.

Après 1870, l'année de la honte; après 1871, l'année de l'effondrement; après 1872, l'année de l'espérance et de l'emprunt colossal, l'année 1873 sera-t-elle celle de la délivrance ? La population de Lunéville, qui a tant souffert, verra-t-elle enfin partir le dernier soldat allemand ?

C'est ce que se demandent les patriotes à l'aurore du 1er janvier.

Le 6 février, à 8 heures du matin, il passe en gare, à destination de Strasbourg, 150 millions renfermés dans cinq wagons scellés et escortés par des gendarmes et des agents des Finances; le même jour, la presse parisienne publie que le Gouvernement allemand examine les garanties qui lui sont offertes pour le paiement du dernier milliard. De son côté, M. Thiers, ajoutent les journaux, a l'espoir de faire payer, sous peu, le dernier milliard en numéraire sans invoquer le bénéfice des garanties à fournir.

Enfin, le dimanche 16 mars, dans la matinée, on

affiche, à la sous-préfecture et à la mairie, la dépêche suivante :

« *Officiel* contient convention avec l'Allemagne. Évacuation du territoire, pour les quatre départements et Belfort, le 1ᵉʳ juillet prochain; Verdun seul occupé jusqu'au 5 septembre, époque du paiement intégral de l'indemnité. »

La nouvelle produit en ville une impression d'autant plus vive qu'elle n'est pas attendue ; les visages rayonnent, les cœurs battent plus libres dans les poitrines et l'on se dit : « *Dans trois mois, nous serons rendus à la France! Ce sera un beau jour que celui où nous verrons partir les Prussiens, où nous saluerons le retour dans nos murs des pantalons rouges!* » La joie qui se manifeste irrite les vainqueurs ; ils s'en plaignent au général de Manteuffel qui, par l'organe de son très humble serviteur, M. le comte de Saint-Vallier, commissaire extraordinaire du Gouvernement de la République française près le commandant en chef de l'armée d'occupation, impose au préfet Doniol l'obligation de réprimer la joie et les manifestations des patriotes.

Et ceux-ci, très étonnés à la lecture de la circulaire préfectorale du 19 mars, se font cette réflexion : « *Tout de même, on ne va pas nous forcer à pleurer parce qu'on nous annonce que les Prussiens vont s'en aller!* »

## Grandes manœuvres du 27 mai au 10 juillet.

Et l'on vit dans l'espoir de la délivrance pour le 1ᵉʳ juillet, lorsque, à la date du 21 mai, le maire reçoit la communication suivante :

A la Mairie de Lunéville,

Par suite des manœuvres de brigade qui auront lieu à Lunéville du 27 mai au 10 juillet, la Commandature requiert la mairie de lui faire parvenir des billets de logement pour les troupes désignées ci-dessous :

1º Du 27 mai au 14 juin,
État-major du 11ᵉ régiment de dragons poméraniens : 6 officiers, 4 sous-officiers, 9 ordonnances, 12 hommes et 34 chevaux.

2º Du 11 au 25 juin,
État-major et 1ʳᵉ compagnie du 73ᵉ régiment de fusiliers : 7 officiers, 18 sous-officiers, 8 ordonnances, 144 soldats et 21 chevaux.
État-major et 2ᵉ compagnie du même régiment : 11 officiers, 30 sous-officiers, 13 ordonnances, 269 soldats et 35 chevaux.

3º Du 26 juin au 10 juillet,
État-major du 9ᵉ régiment de dragons hanovriens : 5 officiers, 10 ordonnances, 8 hommes, 28 chevaux.
État-major du 78ᵉ régiment de fusiliers : 19 officiers, 19 ordonnances ; les hommes et les chevaux seront logés dans le Château.

La Mairie voudra bien mettre les billets pour chaque partie dans une enveloppe.

Général Cᵗᵉ Rœdern.

Outre que la perspective de cette invasion reporte à une date ultérieure la libération du territoire, elle apparaît comme une calamité aux habitants de la ville et des communes avoisinantes qui, du 27 mai au 10 juillet, vont subir un dernier assaut des barbares, et les gens se demandent, avec raison, si le Gouvernement français, mal renseigné par M. de Saint-Vallier, se moque d'eux, ou si c'est à titre de punition qu'il va laisser dévaster les campagnes à cette époque de l'année.

Les Lunévillois commentent en même temps les événements politiques, la sous-préfecture ayant affiché une dépêche du ministère de l'Intérieur : « L'Assemblée nationale, dans sa séance du 24 mai, a reçu la démission de M. Thiers et élu président de la République française M. le maréchal de Mac-Mahon qui a accepté. »

Pendant qu'en ville on fait de la politique, à la campagne, le séjour des Prussiens provoque des réclamations de la part des paysans dont les demeures sont remplies d'hommes et de chevaux ; le cantonnement de l'ennemi leur cause un grand préjudice en raison de la fenaison et des autres travaux des champs.

A Jolivet, notamment, où sont hébergés 150 dragons poméraniens, la répartition des cavaliers et de leurs montures dans les maisons amène des polémiques entre les habitants du village.

## Le conflit.

Le nombre des officiers logés en ville est considérable, aussi le casino est-il archi-comble tous les soirs.

L'on y boit, l'on y mange et, en bons Allemands qu'ils sont, les officiers s'en fourrent jusque-là.

Dans la nuit du 21 au 22 juin, un peu après 11 heures, un couple passe place Stanislas, lorsque le goulot d'une bouteille de champagne, lancé d'une des fenêtres du casino, tombe à ses pieds ; l'homme ramasse le goulot qui, jeté sur un terrain mou, ne s'est pas cassé, puis, réfléchissant, le renvoie à son point de départ ; après quoi, le couple s'esquive rapidement.

Aussitôt, les habitants de la place sont réveillés par les cris et les jurements des soudards, on dirait des rugissements de fauves ; plusieurs citoyens, regardant à travers leurs persiennes, aperçoivent, aux fenêtres du casino, des officiers criant, gesticulant, menaçant ; une dizaine de « casquettes plates » se sont précipités dehors, sabre à la main, mais il n'y a pas un chat sur la place et, après avoir vainement cherché, la meute hurlante remonte l'escalier du casino.

Et du second étage de la maison d'en face, on

distingue très bien un groupe d'officiers lavant et essuyant la figure d'un camarade.

Le lendemain dimanche, la garnison se montre courroucée et arrogante vis-à-vis de la population, comme aux plus mauvais jours de la guerre ; les Lunévillois, habitués aux brusques variations du baromètre teuton, ne s'en étonnent ni ne s'en émeuvent autrement; ils éprouvent, au contraire, une grande satisfaction à raconter l'incident de la nuit.

Toute la journée, on ne parle que de ça et, le soir, au café, on boit à la santé de l'auteur inconnu du *méfait*.

Le lundi, à 4 heures de l'après-midi, on affiche, en ville, le placard dont copie suit :

### *MAIRIE DE LUNÉVILLE*

Le Maire de Lunéville a l'honneur d'informer ses concitoyens qu'il vient de recevoir du général allemand commandant la place, les deux lettres dont voici la traduction :

Lunéville, le 22 juin 1873.

« Monsieur le Maire,

« Un regrettable événement a eu lieu hier soir, entre 11 heures et minuit; un officier de la garnison a été sérieusement atteint par deux pierres d'assez fortes dimensions, lancées par les fenêtres ouvertes dans l'intérieur du casino des officiers; l'auteur de ce méfait n'ayant pu être retrouvé, je me vois malheureusement forcé, pour soustraire les officiers à d'autres agressions, de prendre les mesures suivantes :

« 1° Tous les cafés et établissements publics, à l'exception des restaurants Favier, Wald et Cherrier, qui sont fréquentés par les officiers, seront fermés, jusqu'à nouvel ordre, de 10 heures du soir à 3 heures du matin.

« 2° La circulation des habitants dans les rues sera interdite, jusqu'à nouvel ordre, de 10 heures du soir à 3 heures du matin.

« Je vous prie, en conséquence, de faire savoir aux habitants que les mesures ci-dessus mentionnées seront mises en vigueur à partir du 23 de ce mois ; de plus, vous voudrez bien faire allumer sur tous les points de la ville où il y a des postes, les reverbères les plus rapprochés, et cela depuis le crépuscule jusqu'à l'aube du jour, afin que le parcours de la sentinelle soit bien éclairé.

« Veuillez agréer, etc.

« *Le Général Major, Com<sup>t</sup> de brigade,*

« C<sup>te</sup> Rœdern. »

Lunéville, le 22 juin 1873, 6ʰ 30 du soir.

« Monsieur le Maire,

« D'après les nouveaux rapports qui viennent de m'être faits, je vois que des actes de brutalité, pareils à ceux que je vous ai signalés ce matin, ont eu lieu, il y a quelques jours, au faubourg de Nancy, où des pierres ont été lancées, non seulement dans l'appartement d'un officier, mais encore à des familles militaires ; je suis donc contraint de changer mon arrêté de ce matin en celui qui suit et jusqu'à nouvel ordre :

« 1° Tous les cafés et établissements publics seront fermés à 9 heures du soir.

« 2° La circulation dans les rues est interdite aux habitants, de 9 heures du soir à 3 heures du matin.

« Sont exceptés les cafés et établissements fréquentés par les officiers.

« Vous voudrez bien porter le présent arrêté à la connaissance des habitants.

« Veuillez agréer, etc.

« *Le Général Major, Com<sup>t</sup> de brigade,*

« C<sup>te</sup> ROEDERN. »

Le Maire compte que la population restera ce qu'elle a été jusqu'à ce jour, calme et digne ; c'est la vraie manière de montrer son patriotisme dans les circonstances pénibles que nous traversons.

Lunéville, le 23 juin 1873.

*Le Maire,*

MAJORELLE.

## Un agent de police patriote.

En collant le placard à la porte de l'Hôtel de Ville, l'afficheur municipal annonce aux curieux qui l'entourent que le sergent de ville Poincelot, de service pendant la nuit de samedi à dimanche, vient d'être révoqué de ses fonctions pour avoir refusé de se mettre à la recherche des auteurs de l'agression commise sur l'officier du casino.

Alors un ancien zouave nommé Durantay, commentant l'arrêté du général, s'écrie en matière de conclusion : « *Y a du bon, on va rire un brin ; en attendant, bravo Poincelot !* »

## Les conséquences du conflit.

Dans la soirée du lundi 23 juin, cinquante-sept personnes de tout âge sont arrêtées à 9 heures par les patrouilles prussiennes et conduites au grand corps de garde de la place du Château ; de ce nombre sont trois femmes qui puisaient de l'eau aux fontaines et cinq pêcheurs à la ligne qui rentraient en ville avec leur attirail. Les femmes sont relâchées presque immédiatement ; les hommes restent incarcérés jusqu'à 4 heures du matin.

Parmi les personnes arrêtées se trouve le grand Gerbé, coiffeur et écrivain public du quatrième quartier, lequel, se permettant de critiquer l'abus d'autorité du général, est dirigé, à coups de poing, sur la prison des Quarante-deux marches ; il en sort le lendemain à 10 heures, moulu, fourbu, avec un refroidissement qui l'oblige à s'aliter.

Les voyageurs arrivant par les trains de nuit sont consignés à la gare jusqu'à 3 heures du matin.

Il paraît que l'ordre du général porte défense non seulement de circuler dans les rues, mais encore de se tenir aux fenêtres, de manifester par un signe quelconque que les maisons sont habitées, de conserver de la lumière ; telle est, du moins, l'interprétation que lui donnent les différentes patrouilles qui parcourent la ville en faisant fermer les contrevents sur leur passage.

Les jours se suivent et se ressemblent ; la population est en pénitence ; à partir de 9 heures du soir, la vie doit cesser brusquement.

Le mardi, huit personnes sont arrêtées parmi lesquelles un négociant de la Grande-Rue pendant qu'il ferme son magasin.

Le mercredi, treize arrestations.

Le jeudi, seize arrestations dont celles de quatre femmes qui revenaient de travailler à la campagne et d'un conseiller municipal saisi devant chez lui, au moment même où 9 heures sonnent.

Dans la nuit, en prévision du marché du lendemain, des postes sont placés aux entrées de la ville dont ils interdisent l'accès aux coquetiers et ceux-ci doivent attendre sur la route que 3 heures sonnent pour pénétrer en ville.

Le vendredi soir, il n'y a que quatre arrestations, mais il faut signaler celle de M. Taillard, hôtelier du *Faisan,* appréhendé dans l'intérieur de son domicile dont la grande porte est restée ouverte pour la rentrée de l'omnibus et celle d'un M. Maire qui, opposant de la résistance, reçoit des coups de sabre sur les bras.

Dans la journée, la Mairie fait publier à son de caisse l'avis suivant :

Le Maire de Lunéville croit devoir inviter de nouveau ses concitoyens à rester calmes et silencieux et à s'abstenir de toute manifestation sur le passage des patrouilles, autrement ils exposeraient la population à des mesures plus rigoureuses.

Pendant tout le temps que durera l'arrêté du général, la cloche du beffroi sonnera la retraite à 8$^h$30 du soir.

Lunéville, le 27 juin 1873.

*Le Maire,*

MAJORELLE.

Cet avis est motivé par la lettre suivante reçue le matin même :

Lunéville, le 26 juin 1873.

La Commandature a l'honneur d'informer la Mairie qu'hier soir la femme de l'aubergiste Bohler, rue d'Alsace, 39, a craché sur un gendarme et jeté le contenu d'un pot sur la patrouille qui l'accompagnait. M$^{me}$ Bohler n'ayant pu être trouvée dans la maison, on a arrêté son mari qui a été remis en liberté aujourd'hui à midi.

On a également lancé des pierres sur une patrouille d'un jardin du faubourg de Viller.

La Commandature prévient la Mairie que si de pareils faits venaient à se reproduire, ils amèneraient non seulement une prolongation de la peine infligée à la ville, mais motiveraient encore une recrudescence d'énergie dans les arrestations.

Le Général Major, C<sup>t</sup> de brigade,<br>
C<sup>te</sup> RŒDERN.

Les patrouilles prussiennes se guident sur l'horloge du Château en avance de quelques minutes sur celle de Saint-Jacques, c'est ainsi que plusieurs personnes sont arrêtées avant que le premier coup de 9 heures frappe à Saint-Jacques.

Les voyageurs qui sont dans les hôtels doivent rester consignés dans leurs chambres à partir de 9 heures et n'en sortir sous aucun prétexte.

Deux voyageurs, dont l'un faisait sa correspondance et l'autre lisait le journal, jeudi soir, dans la salle à manger de l'*Hôtel des Vosges,* ont failli être arrêtés ; la patrouille s'est bornée à les reconduire militairement dans leurs chambres.

Le samedi 29 juin, il y a dix-sept arrestations dont celle de deux jeunes mariés de la campagne qui, dans l'ignorance de ce qui se passe à Lunéville, arrivent en ville quelques minutes après 9 heures.

Cette fois, les prisonniers sont enfermés dans une salle du Château dépourvue de sièges, obligés de rester debout ou de s'asseoir et s'étendre sur le plancher ; ils ne sont relâchés qu'à 5 heures du matin.

Enfin, dans la matinée du dimanche 30 juin, le tambour de ville annonce à la population que le général de Rœdern rapporte son arrêté et que les mesures de rigueur sont levées.

## Comment on écrit l'Histoire.

A titre documentaire, voici en quels termes le journal badois « *Die Karlsruher Zeitung* » du 23 juin 1873 relate l'attentat de Lunéville : « Le grand-duc héritier d'Oldenbourg, étudiant de l'Université de Strasbourg, se trouvait dimanche dernier à Lunéville ; tandis qu'il s'entretenait avec plusieurs officiers à une des fenêtres du Casino, la populace leur lança des pierres dont l'une blessa légèrement le prince et une autre assez grièvement un des messieurs de son entourage. Comme d'habitude, les auteurs de cette attaque parvinrent à se sauver, grâce à la rapidité de leur course. Le prince se rendit immédiatement à Nancy, où le général de Manteuffel et le plénipotentiaire français, M. de Saint-Vallier, lui exprimèrent leurs regrets de ce qui lui était arrivé et lui promirent toute satisfaction possible. »

Le jeune prince a l'imagination féconde ; la vérité, c'est qu'il n'y avait pas de populace sur la place Stanislas, pas plus qu'il n'y a eu de pierre lancée contre lui. Les officiers du Casino ont rapporté inexactement au général de Rœdern l'origine de l'incident qui a fait peser sur la population, plus lourdement qu'en temps de guerre, toute l'horreur du régime du sabre. Dans cette affaire, le premier coupable a été l'officier qui, furieux de subir les quolibets de ses camarades, pour n'avoir pas su déboucher une bouteille de champagne sans la casser, en lança le goulot sur la place au risque de blesser les passants.

## Après la défense de sortir le soir, l'empêchement d'aller au bois dans la journée.

Les manœuvres terminées, le 73ᵉ fusiliers fait, à partir du 10 juillet, pendant cinq jours, des expériences de tir à longue portée dans le bois de Mondon, de 6 heures du matin à 6 heures du soir.

## L'évacuation et la liberté pour le 1ᵉʳ août.

Le 15 juillet, la Mairie informe la population que le départ des troupes d'occupation est ainsi fixé :

28 juillet, 4ᵉ et 5ᵉ escadrons du 5ᵉ hussards ;

29 juillet, état-major et 1ᵉʳ et 2ᵉ escadrons du même régiment ;

31 juillet, état-major et 4 escadrons du 19ᵉ dragons, 1ʳᵉ batterie légère du 10ᵉ d'artillerie ;

1ᵉʳ août, état-major de la 19ᵉ brigade de cavalerie ; état-major et 1ᵉʳ bataillon du 73ᵉ fusiliers ; état-major et 4 escadrons du 14ᵉ uhlans ; 5ᵉ ambulance de campagne ; dépôt de chevaux.

Les habitants auront à loger le 29 juillet la 4ᵉ colonne d'approvisionnements de Baccarat et le 30, le 2ᵉ bataillon du 73ᵉ fusiliers de Raon-l'Étape.

## Encore le préfet Doniol.

Par une nouvelle circulaire aux maires du département, le préfet fait ses recommandations à l'occasion de l'évacuation du territoire : « Que les citoyens de votre commune évitent avec un soin scrupuleux ce qui dégénérerait en conflit et troublerait l'ordre. L'état de siège subsistera jusqu'à la fin. »

Un groupe commente la circulaire affichée à la mairie : « *La fin ne peut s'entendre ici que de la fin de l'occupation, sans quoi la phrase n'aurait aucun sens. L'état de siège qui a été établi au moment de la déclaration de guerre cessera avec l'occupation, et dans quinze jours, quand nous serons complètement débarrassés, ni le préfet ni d'autres ne nous empêcheront de manifester notre joie.* »

## Le départ des Prussiens.

Le programme de l'évacuation s'accomplit : le lundi 28 juillet, à 6 heures du matin, deux escadrons de hussards quittent la ville ; le lendemain, les deux autres s'en vont à la même heure.

Dans l'après-midi du mardi, arrive de Baccarat la colonne interminable d'approvisionnements ; conducteurs et chevaux logent en ville ; la colonne gagne la frontière le mercredi.

Vers midi, le 2ᵉ bataillon du 73ᵉ fusiliers, venant de Raon en deux étapes, tombe sur le dos des habitants ; il repart le jeudi 31, à 5ʰ 30 du matin.

A ce moment, les dragons et l'artillerie montent en selle, le général de Rœdern les passe en revue et, à 6 heures, au commandement de : « *Vorwærts!* » cavaliers et artilleurs prennent la direction de l'Allemagne.

Quelques gamins qui s'amusent toujours des mouvements de troupes sont les seuls témoins de ces départs.

## Le nettoyage.

Depuis le départ des hussards de Blücher, une cinquantaine d'ouvriers travaillent activement à l'appropriation du quartier des Cadets destiné à l'infanterie française qui doit tenir provisoirement garnison à Lunéville.

## Les gendarmes mobiles.

Dans la crainte que l'ordre public ne soit troublé lorsque la population ne sera plus matée par l'ennemi, le Gouvernement, qui considère Lunéville comme une ville aux idées avancées, lui expédie une escouade de 25 gendarmes mobiles ; ceux-ci, arrivés du 26 juillet, sont logés à l'entresol du bâtiment des Halles.

Les mobiles — modèle 1873 — ont ceci de particulier avec les moblots de 1870 : les anciens montaient la faction avec un bâton ; les nouveaux font leur ronde la trique à la main.

Et les passants, qui les rencontrent le soir, ne paraissent pas apprécier ce singulier armement.

## La délivrance.

Dès l'aurore du vendredi 1er août, les habitants de Lunéville guettent le signal du départ du 14e uhlans, du 73e fusiliers et des convois.

A 5 heures, le son criard des fifres se fait entendre, mêlé au bruit des tambours.

Ils partent! non, c'est un bataillon qui, musique en tête, va, place Saint-Jacques, chercher le drapeau chez le colonel du régiment.

A 5ʰ 30, les uhlans sont rangés en bataille sur la place des Carmes et l'infanterie dans la cour du Château. Ils sont là immobiles et silencieux ; pourquoi ne partent-ils pas ? Y aurait-il contre-ordre ?

Enfin, à 6 heures, la cavalerie s'ébranle et prend la route de Moyenvic, les fourgons suivent et à 6ʰ 20 l'infanterie se met en marche. Le départ des Prussiens s'effectue au milieu d'une impassibilité et d'une indifférence affectées.

On devine, derrière les persiennes restées closes, des yeux épiant le moment d'arborer les couleurs nationales et le dernier Prussien n'a pas encore dépassé la dernière maison du faubourg d'Einville que la ville entière est pavoisée.

Nous sommes délivrés!

Les cloches sonnent à toute volée, chacun sort, serre la main du voisin et parcourt la ville.

Un grand nombre de drapeaux portent un crêpe : Si l'on pense à la patrie recouvrée, on n'oublie pas la patrie perdue.

La foule suit la musique municipale qui, aux accents de la *Marche d'Alsace-Lorraine*, se rend à la sous-préfecture ; elle se dirige ensuite vers la demeure de M. Cosson, premier adjoint remplaçant le maire affligé d'un deuil cruel. Après l'exécution de la *Marseillaise* et les vivats des patriotes, M. Cosson prononce l'allocution suivante :

« *Je vous remercie, Messieurs, de votre démarche. Je suis doublement heureux de vous entendre, pour l'honneur que vous me faites d'abord, mais surtout pour le plaisir patriotique qu'éveille en moi votre excellente musique. Votre présence, votre libre circulation dans nos rues prouvent que nous sommes enfin rendus à nous-mêmes, que nous sommes complètement rentrés dans la grande patrie française. C'est un grand jour, Messieurs, fêtez-le donc comme il convient, mais n'oubliez pas celui à qui nous le devons. Ce matin, à l'heure même du départ des Allemands, la municipalité a adressé à M. Thiers l'expression de la profonde reconnaissance des habitants de Lunéville. Son nom sera aujourd'hui dans toutes les bouches comme il est depuis longtemps dans tous les cœurs.* »

On répond par les cris répétés de : « *Vive la France ! Vive la République ! Vive Thiers !* »

De la rue Sainte-Élisabeth les musiciens, entourés d'une foule qui grossit sans cesse, traversent la ville en jouant des marches entraînantes ; ils donnent un nouveau concert, place des Carmes, devant la maison de M. Jeanmaire, second adjoint, et parcourent successivement les rues et faubourgs précédés de la génération de l'avenir et suivis de plusieurs milliers de citoyens qui chantent et applaudissent.

Mais voici midi ; on se sépare ; chacun rentre chez soi pour se mettre à table ; dans chaque famille, la ménagère a ajouté quelque fin morceau à l'ordinaire habituel et monté de la cave une vieille bouteille mise depuis longtemps en réserve pour ce beau jour et l'on boit à la France ! à la liberté !

« C'est donc bien vrai ! se dit-on, ils sont partis ! Après trois ans de souffrances morales, de hontes, de grossières injures patiemment supportées, nous sommes libres ! Que d'événements douloureux, que de tristes journées depuis le 1$^{er}$ août 1870 !

Il y a trois ans, nous admirions nos chasseurs d'Afrique ; puis passaient les héroïques vaincus de Wissembourg et de Reichshoffen ; derrière eux accouraient à la curée d'innombrables bandes !

Ils sont partis !

Nous n'avons plus sous les yeux les uniformes qui évoquaient le cruel souvenir de nos désastres ; il n'y a plus parmi nous que des Français.

Oubliant nos divisions passagères, nous nous tendons fraternellement les bras ; tous les cœurs battent à l'unisson et nous saluons avec un inexprimable attendrissement notre mère commune, la France ! »

Dans l'après-midi, la population descend, de nouveau, dans les rues ; le nombre des drapeaux a augmenté ; on en confectionne encore et les vieux Lunévillois déclarent : « *Nous avons vu la ville en fête avec des arcs de triomphe, nous avons vu bien des 1er mai et des 15 août, nous avons vu en 1866 la célébration du centenaire de la réunion de la Lorraine à la France, mais jamais nous n'avons vu une telle profusion de drapeaux, d'emblèmes et d'oriflammes.* »

Vers 2ʰ 30, un capitaine de uhlans, à cheval, en grand uniforme et suivi de son ordonnance, revient en ville par le faubourg d'Einville, au grand étonnement des habitants du deuxième quartier. Interpellé par un citoyen, l'officier lui apprend qu'il vient rechercher une somme de 7.000 francs oubliée dans sa chambre, rue des Ponts, n° 4. Après avoir retrouvé son portefeuille intact, le Prussien manifeste au propriétaire toute sa satisfaction de rentrer en possession de ses billets de banque et sa surprise du changement de physionomie de la ville, puis capitaine et ordonnance piquent des deux dans la direction de la nouvelle frontière.

Le soir, la foule se rend aux Bosquets si délaissés pendant le séjour des ennemis qui les parcouraient à toute heure, à pied, à cheval, en voiture.

On a rétabli, sous les arbres, l'ancienne estrade qui est toute pavoisée, toute enguirlandée. C'est la musique instrumentale qui fait les frais de la soirée ; elle donne à ses auditeurs la mesure entière des progrès qu'elle a réalisés sous l'habile direction de M. Géhin. Les solistes se font remarquer dans plusieurs fantaisies et airs variés, puis la musique joue la *Marche d'Alsace-Lorraine* qui est accueillie par les applaudissements les plus significatifs. Pendant ce temps, la foule grossit toujours, toute la ville est là.

Le concert se termine par la *Marseillaise* qui est répétée trois fois à la demande générale et les cris de *Vive la France! Vive la République! Vive Thiers!* retentissent de toutes parts.

Les clairons de la gymnastique sonnent, les gymnastes chantent la retraite en se dirigeant vers la cour du Château; la foule emboîte le pas et se répand dans les rues pour jouir des illuminations. Les lampions s'éteignent un à un; il est 11 heures; les cafés ferment et chacun regagne son logis en répétant : « *Ils sont partis! Ils sont partis!* »

Il est à remarquer que la municipalité s'est bornée à pavoiser l'église, la mairie et les bâtiments communaux; aucune défense, aucun avis n'ont été publiés. Tout ce qui s'est passé au cours de cette inoubliable et patriotique journée, a eu lieu spontanément et les gendarmes mobiles, qui se tenaient prêts à réprimer le désordre, n'ont pas eu la moindre occasion d'intervenir.

Aussi, le samedi matin, la mairie fait-elle annoncer à son de caisse la proclamation suivante : « La municipalité de Lunéville remercie les habitants de leur attitude admirable pendant toute cette heureuse journée où s'est accomplie notre délivrance. Elle n'attendait pas moins d'une population qui, pendant la période de guerre, s'est conduite d'une façon si généreuse envers nos prisonniers et nos blessés, d'une population qui, pendant la durée si longue et si pénible de l'occupation, ne s'est pas départie un instant du calme le plus absolu et de la dignité la plus parfaite.

« Honneur à Lunéville ! sa conduite sera hautement appréciée et la municipalité peut se dire fière d'administrer une ville où respirent de si nobles sentiments ! »

## Le retour de la garnison française.

Le 2 août, les maisons restent pavoisées, mais chacun est retourné au travail.

Une compagnie du 26ᵉ de ligne arrive à 8 heures du matin par le chemin de fer ; elle est reçue, à la descente du train, par le sous-préfet, le maire, le sous-intendant et le commandant du génie. Après les compliments officiels de bienvenue, la compagnie se rend, tambours battants, au quartier des Cadets dont le nettoyage et l'aménagement sont terminés ; sur le passage des troupiers, les patriotes agitent leurs casquettes ou leurs chapeaux en criant : « *Vive la France ! Vivent les pantalons rouges !* »

Par ordre du Gouvernement, la population n'a pas été prévenue.

A 5 heures de l'après-midi, la foule se porte à la gare, sur le bruit que plusieurs compagnies du 26e vont arriver. Mais, bientôt, on apprend que les compagnies annoncées n'arriveront qu'à 2ʰ30 du matin, que la population aura toute liberté d'aller au-devant des soldats et que les cafés pourront rester ouverts jusqu'à ce moment.

A partir de 10 heures du soir, la ville présente une animation extraordinaire ; hommes, femmes, enfants, tout le monde est dehors, impatient d'acclamer l'armée française.

En attendant, on fait la navette entre la gare et les Cadets ; on veut voir et revoir le factionnaire et les hommes de garde.

A 2 heures du matin, la Société de musique quitte la salle de répétition ; entourée de nombreux enfants qui portent des torches et des lampions, elle joue, jusqu'à la gare, l'air : *Vous n'aurez pas l'Alsace et la Lorraine,* et elle a peine à se frayer un passage au milieu de la foule.

A l'heure dite le train, annoncé de loin par l'explosion successive de pétards placés sur les rails, entre en gare ; les clairons de la gymnastique, rangés le long de la grille, sonnent au drapeau et la musique entonne l'*Alsace-Lorraine* pendant que les troupiers font leur apparition aux acclamations répétées de plusieurs milliers de voix criant : « *Vive l'armée ! Vivent les pantalons rouges ! Vive la France ! Vive la République ! Vive M. Thiers !* »

Trois compagnies qui se rendent aux Cadets prennent la tête du cortège ; puis viennent les porteurs de lanternes, la musique, les porte-torches, la gymnastique dont les sonneries alternent avec les pas redoublés, ensuite une foule énorme dans laquelle on remarque, malgré l'heure avancée, autant de femmes et d'enfants que de citoyens ; après la foule, les deux compagnies qui vont à l'Orangerie et encore la foule.

L'immense cortège suit la rue de la Gare, la place Léopold, la rue Banaudon, la Grande-Rue, la place du Château et la rue des Ponts ; la foule stationne un quart d'heure devant les Cadets, faisant retentir l'air de ses acclamations, tandis que la musique ne cesse de jouer.

Il est $3^h 30$, chacun rentre au logis ; les rues redeviennent désertes et silencieuses.

Les dimanche 3 et lundi 4 août, Lunéville célèbre sa fête patronale qui n'a pas eu lieu depuis 1869 ; des bals et des repas champêtres sont organisés dans la riante prairie de Sainte-Anne, sur les bords de la Meurthe.

Mardi, à $3^h 30$ de l'après-midi, trois des six compagnies du $26^e$ de ligne repartent par chemin de fer pour Nancy où elles vont tenir garnison.

Les édifices publics sont dépouillés de leur parure tricolore; peu à peu, un à un et comme à regret, les drapeaux disparaissent des fenêtres et la ville reprend sa physionomie d'autrefois.

## Honneurs rendus aux morts.

En franchissant la frontière près d'Arracourt, les régiments allemands ont fait volte-face vers la France, présenté les armes et exécuté une décharge générale : ce qu'on a considéré comme une sorte d'hommage rendu à notre pays.

Il n'en est rien : ce n'est là que l'application d'une règle commune à toutes les nations ; elle a pour but d'honorer les morts que l'armée laisse sur la terre étrangère qu'elle vient de quitter.

*UN TÉMOIN.*

# NOTES ET ANNEXES

## Par Léopold DUCHATEAU
*De Lunéville*
ANCIEN ÉLÈVE DU COLLÈGE MUNICIPAL

En acceptant l'honneur que nous a fait M. Cathal d'introduire, dans le cours de son récit, les annotations que nous lui avions soumises, nous tenons à bien affirmer que nous n'avons pas eu l'intention de porter un jugement sur son travail : M. Cathal a publié « un journal » ; il y a exposé les événements tels qu'il les a vus, ou tels qu'il les a entendu raconter à l'époque ; l'impression personnelle qu'il a exprimée est bien celle de la plupart de ses contemporains ; son récit est pris sur le vif.

Les notes, au contraire, que nous avons intercalées dans son texte résultent d'une compilation d'ouvrages écrits depuis la guerre jusqu'à nos jours. Elles ne sont pas l'œuvre d'un témoin.

A l'exception de quelques détails que nous croyons inédits, et que nous avons eu la bonne fortune de recueillir auprès d'anciens habitants de Lunéville, notre collaboration n'a consisté qu'à réunir des indications qui permettront à nos lecteurs de remonter aux sources.

Nous n'avions primitivement rédigé ces notes que pour répondre à l'appel du journal qui publiait le *Récit de l'invasion*. Nous remercions notre ami Cathal de leur accorder l'hospitalité dans son ouvrage, et nous prions nos concitoyens de ne voir dans leur exposé aucune critique du *Journal d'un habitant de Lunéville*.

## ANNEXE Nº 1

### LE DÉPART DES LANCIERS

Le 3ᵉ lanciers partit de Lunéville le samedi 16 juillet vers 5 heures du soir pour se rendre à Rohrbach où il arrivait le 19, par Vic et Sarralbe. Il était suivi du 5ᵉ lanciers et constituait avec ce régiment une des brigades de cavalerie (général de La Mortière) de la division Brahault du 5ᵉ corps (de Failly).

Dans la traversée de la place des Carmes, le colonel Thorel, du 3ᵉ lanciers caserné aux Cadets, leva son sabre et cria de toute la force de ses poumons : « Vive la France ! Vive l'Empereur ! »

Quelques jours plus tard, les lanciers furent remplacés dans leurs quartiers par les 1ᵉʳ et 4ᵉ cuirassiers (brigade Girard), qui, partis les 19 et 20 juillet, de Mourmelon, Suippes et Saint-Hilaire, revinrent à Lunéville pour former, avec les 2ᵉ et 3ᵉ cuirassiers (brigade de Brauer), la 2ᵉ division de cavalerie de réserve (général de Bonnemains).

Cette division quitta Lunéville le 2 août.

### LE DÉPART DE LA BATTERIE D'ARTILLERIE

La batterie à cheval (1<sup>re</sup> du 17<sup>e</sup> régiment) qui tenait garnison à Lunéville, partit le 24 juillet pour Metz où était la portion principale du régiment.   L. D.

---

# ANNEXE N° 2

### LES TRANSPORTS DE CONCENTRATION

Les transports de concentration commencèrent aussitôt après la déclaration de la guerre, et la population de Lunéville coopéra généreusement à la subsistance des soldats de passage, que l'Administration militaire n'avait pas toujours prévue.

Nous trouvons dans les *Petites Affiches* du 23 juillet la lettre suivante :

Lunéville, 21 juillet 1870.

Monsieur le Rédacteur,

Nous voyons s'arrêter chaque jour à la gare des trains remplis de troupes ; nous y voyons arriver de tous côtés de jeunes soldats de la réserve qui vont rejoindre leurs corps. Ils peuvent tous souffrir de la faim et de la soif. Ne vous semble-t-il donc pas, puisque ces mouvements sont sans doute loin d'être parvenus à leur terme, qu'il serait bien bon de fournir à nos braves et chers soldats de quoi apaiser l'une et l'autre, au moyen d'une souscription qui serait vite couverte dans vos bureaux. Un comité pris parmi les souscripteurs n'aurait plus qu'à s'entendre avec le chef de gare, afin de régler les détails de ce service.

Dans l'espoir que vous voudrez bien, pour votre part, accueillir cette proposition, j'ai l'honneur de vous envoyer ci-jointe la somme de 200 francs que je m'engage à renouveler après l'épuisement du futur fonds commun.

Veuillez agréer.....
*Un de vos abonnés.*

Cette idée généreuse fut mise en pratique. Des dons en argent et en nature abondèrent entre les mains du comité, et les soldats de passage purent apaiser à la gare de Lunéville leur faim et leur soif. Mais cette façon de faire nourrir les troupes par des populations patriotes présentait de très graves inconvénients.

« L'observateur qui gardait son sang-froid pouvait, dès l'heure du départ, démêler de fâcheux signes dans l'état moral de notre armée. Ainsi les trains qui partaient pour la frontière étaient remplis de soldats dont la tenue était souvent déplorable. Surexcités par l'accueil qu'ils recevaient sur leur route et par les libations qu'on avait le tort de ne pas mesurer à leurs besoins, beaucoup d'entre eux donnaient le scandaleux spectacle de l'ivresse et de l'indiscipline. » (*Lunéville pendant la guerre et le rapatriement*, D<sup>r</sup> Tony SAUCEROTTE. — *Gazette médicale de Paris*, 1872.)

L. D.

# ANNEXE N° 3

### LA GARNISON DE LUNÉVILLE LE 1ᵉʳ AOUT 1870

Les chasseurs d'Afrique commencent à arriver à Lunéville le 1ᵉʳ août. A cette date, les troupes casernées ou campées dans la ville se composent de :

2ᵉ division de cavalerie de réserve : 1ᵉʳ, 2ᵉ, 3ᵉ et 4ᵉ cuirassiers casernés en ville ;

1ʳᵉ division de cavalerie de réserve : 380 hommes, 373 chevaux et mulets du 1ᵉʳ chasseurs d'Afrique campés au Bosquet ;

Artillerie de la 2ᵉ division : 7ᵉ et 8ᵉ batteries du 19ᵉ d'artillerie campées au Champ-de-Mars ;

Artillerie de la 1ʳᵉ division : 5ᵉ et 6ᵉ batteries du 19ᵉ d'artillerie campées au Champ-de-Mars ;

2ᵉ compagnie légère du 1ᵉʳ régiment du train des équipages (Champ-de-Mars) ;

Parc d'artillerie du 2ᵉ corps (Champ-de-Mars) comprenant des détachements du 2ᵉ régiment du train d'artillerie, du 5ᵉ d'artillerie, des ouvriers d'artillerie, des artificiers ;

43 gendarmes à cheval.

L. D.

# ANNEXE N° 4

### LES CARTES DU MARÉCHAL DE MAC-MAHON

La pénurie en cartes dans laquelle se trouvait le maréchal de Mac-Mahon était due à l'itinéraire, différent du sien, qu'avaient suivi les fourgons de son état-major.

Nous trouvons dans *l'Impartial de l'Est* du 13 août 1870 :

> On écrit de Senones, le 9 août, au *Figaro* :
> « Les équipages de M. le maréchal Mac-Mahon et de nombreux fourgons de l'état-major général du 1er corps sont passés à la tombée de la nuit à Senones, se dirigeant sur Lunéville, escortés par des gendarmes en tenue de campagne, sous les ordres d'un officier supérieur de gendarmerie, que l'on nous a dit être le prévôt du 1er corps de l'armée du Rhin. Au milieu des voitures, on remarquait celle du brave général Colson, chef d'état-major général, tué le 6 août, à la bataille sanglante de Freischwiller (*sic*). La voiture de ce général avait un des panneaux troué par un éclat d'obus ; plusieurs fourgons étaient également atteints par la mitraille. »

De là résulte que les fourgons contenant les archives du maréchal, signalés à Senones le 9 août au soir, se trouvaient le 10 à Baccarat où ils rencontraient la division Guyot de Lespart (3e du 5e corps, général de Failly), partaient, avec cette division, le 11, en évitant Lunéville et retrouvaient le maréchal le 12 à Bayon.

Le maréchal n'avait donc pas de cartes le 10 à Lunéville; le général de Failly avait abandonné ses bagages à Bitche, et ne pouvait lui en fournir; il ne fallait pas espérer en trouver dans les bagages des officiers sous leurs ordres.

Pour montrer combien ces documents étaient peu répandus dans l'armée française, nous empruntons à l'ouvrage de M. Pierre Lehautcourt (*La Guerre de 1870-1871*, 3ᵉ vol., p. 133) l'épisode suivant relatif à la prise d'une carte d'État-major sur un officier allemand mortellement blessé le 5 août par une patrouille du 2ᵉ tirailleurs.

« Ces turcos rapportèrent le harnachement et la carte appartenant à l'officier; le général Bonnal a tenu cette dernière entre ses mains. C'était un report sur pierre de la feuille 54 et d'une partie de la feuille 38. Aucun des officiers présents, lui compris, n'avait encore vu de carte d'État-major. »

Les officiers possédaient « une feuille de papier, sur laquelle il y avait à un bout un petit rond avec le mot Paris, à l'autre bout, un deuxième rond, avec le mot Berlin; une ligne noire réunissait les deux villes; une autre ligne sinueuse coupait la première par le milieu et représentait le Rhin ».

En décrivant sous cette forme grotesque la carte des « Routes conduisant au Rhin » lithographiée à Metz chez Munier, rue Serpenoise, le général Cuny, dans ses *Souvenirs d'un cavalier*, n'exagère pas le peu de valeur du croquis ridicule qu'on n'avait pas eu honte de distribuer aux officiers français.

A Lunéville, on ne trouva nulle part de cartes d'État-major; l'intervention de M. Déchap est un fait historique, de même que celle de M. Constant Saucerotte qui apporta au maréchal, à la sous-préfecture, rue Sainte-Élisabeth (aujourd'hui rue Gambetta), une carte murale du département de la Meurthe qui lui appartenait.

Une conséquence, également très grave, de la séparation du maréchal et de ses archives, c'est qu'il n'avait plus son chiffre, et qu'il ne pouvait plus traduire les dépêches militaires secrètes qui lui étaient adressées. A Sarrebourg, il dut renvoyer une dépêche chiffrée reçue de Metz, et demander qu'on lui traduisît cette dépêche avec le chiffre du ministère de l'Intérieur que possédait le sous-préfet ; voici le texte de cette dépêche :

LE MARÉCHAL DE MAC-MAHON AU MAJOR-GÉNÉRAL

Sarrebourg, 8 août, 5ʰ 45 matin
(expédiée à 9ʰ 35).

Je n'ai pas mon chiffre. Il se trouve dans une malle séparée de nous momentanément. Ne puis traduire les termes suivants de votre dépêche du 7 août, à 9 heures du matin : 1508. 0529. 0203. 9627. 5606. 1806. 2719. 2002. 6803. Écrivez-les avec le chiffre du ministère de l'Intérieur qui se trouve chez M. le sous-préfet de Sarrebourg et envoyez-les moi le plus tôt possible.

La dépêche non déchiffrée était libellée :

LE MAJOR-GÉNÉRAL AU MARÉCHAL DE MAC-MAHON A SAVERNE

Metz, 7 août, 9 heures soir.

L'Empereur maintient les ordres qu'il vous a déjà envoyés et d'après lesquels vous devez vous retirer *avec vos troupes sur le camp de Châlons* (partie soulignée à déchiffrer). L. D.

# ANNEXE N° 5

### LES CLÉS DE LUNÉVILLE

L'attitude du maire de Lunéville à l'arrivée des éclaireurs allemands a été sévèrement et injustement appréciée par quelques-uns des auteurs qui ont écrit l'histoire de la guerre de 1870.

Dans son ouvrage : *Frœschwiller, Châlons, Sedan*, M. Alfred Duquet écrit :

« Le même jour, un escadron de hussards apparaissait devant Lunéville. Qu'auraient dû faire les autorités ? Se battre ? Non, les habitants n'avaient ni armes ni munitions. Se rendre alors ? Oui, mais d'une façon digne, en citoyens frappés par les malheurs de la patrie et non en fades suppliants du vainqueur. C'est ce que ne comprit pas le maire de Lunéville, M. Parmentier, chevalier de la Légion d'honneur, qui remit au capitaine prussien de Poncet les clés d'or de cette ville et une dépêche adressée au Prince royal, par laquelle il s'engageait à faire droit à toutes les demandes des troupes allemandes, et sollicitait en échange protection pour la cité et ses habitants. Il est difficile de pousser plus loin la démoralisation patriotique. »

Le lieutenant-colonel Rousset, dans l'*Histoire populaire de la guerre de 1870-1871*, reproduit l'appréciation de M. Alfred Duquet en y ajoutant une réflexion encore plus désobligeante. M. Henri Beaumont, l'historien de la ville de Lunéville, se borne à substituer au nom de

M. Parmentier celui de M. Alexandre Saucerotte, regrettant de ne pouvoir faire davantage.

En 1900, à l'époque de l'apparition de l'*Histoire de Lunéville* de M. H. Beaumont, le D$^r$ Tony Saucerotte, neveu de M. Alexandre Saucerotte, avait eu l'intention de protester contre des allégations désobligeantes pour un membre de sa famille : il était bien renseigné, et sa tâche eût été facile ; mais la douloureuse maladie qui devait l'enlever sept ans plus tard à l'affection des siens avait déjà commencé son œuvre, et il ne put que léguer à ses fils le récit des faits qu'ils ont pieusement conservé.

Notre intimité avec l'un d'eux nous a permis de réunir les précieux renseignements du D$^r$ Tony Saucerotte. Nous allons les exposer dans toute leur sincérité.

Le 12 août, à midi, un détachement du 1$^{er}$ escadron du 2$^e$ régiment de hussards de Ziethen, dits « les Têtes de mort », commandé par le capitaine de Poncet, appartenant à la division de cavalerie de la III$^e$ armée allemande, et venant de Héming-Saint-Georges, arrivait à l'est de Lunéville, à l'angle de la route de Strasbourg et du chemin du Champ-de-Mars. Pendant que le gros du détachement restait en réserve à cet endroit sous les ordres d'un lieutenant, une reconnaissance, commandée par un sous-officier à longues moustaches blondes, descendait le faubourg d'Alsace, arrivait à bonne allure sur la place Léopold et se fractionnait, par groupes de deux cavaliers, dans les rues avoisinantes.

En même temps, le capitaine de Poncet, suivi de six cavaliers et d'un trompette, se rendait, au pas, à la mairie par l'itinéraire : chemin du Champ-de-Mars, rue d'Allemagne, rue des Capucins, place Saint-Jacques. Là, il mettait pied à terre, prenait contact avec le concierge de la mairie, M. Harel, et lui prescrivait de faire appeler le maire; puis les deux hommes allaient ensemble attendre le maire à son bureau.

Le capitaine de Poncet parlait très correctement le français, c'était un lettré, il avait voyagé en France. Connaissait-il la cérémonie par laquelle le maire et les deux adjoints avaient, le 19 juillet 1866, présenté à l'Impératrice deux énormes clés des anciennes prisons de la ville, dorées pour la circonstance, et rappelant l'hommage de la cité? La chose est peu probable. A cette époque, le capitaine de Poncet était à Sadowa, et il ne songeait pas à l'invasion de la Lorraine. Mais il eut l'adresse de confesser le concierge, et quand M. Alexandre Saucerotte arriva dans le bureau du maire, le capitaine savait que les clés existaient, qu'elles étaient au musée de la ville et qu'une étiquette, épinglée au coussin de velours qui les portait, indiquait, d'une façon incontestable, le symbole qu'elles représentaient, et l'usage auquel elles avaient servi. C'était un trophée superbe que les clés d'une ville de 15.000 habitants trouvées par un capitaine de cavalerie.

Lorsque M. Alexandre Saucerotte voulut objecter que Lunéville, ville ouverte, n'avait pas de clés, le capitaine, avec la morgue habituelle à l'officier de cavalerie prussienne, lui répéta les renseignements précis qu'il avait su extorquer au concierge. Le maire dut s'exécuter. Y eut-il faute de M. Alexandre Saucerotte ou de son employé ? Nous ne le croyons pas. Cinq jours avant l'arrivée des hussards, pas un habitant de Lunéville ne se doutait de la tournure qu'allaient prendre les événements, pas un n'attachait la moindre importance aux clés offertes, en 1866, à l'Impératrice, pas un ne songeait à les détruire ou à les cacher.

Si M. Alfred Duquet, qui a entraîné le mouvement des autres historiens de la guerre, avait connu ces détails, il est probable qu'il n'aurait pas adressé un reproche aussi dur à un homme qui a montré tant de dévouement que M. Alexandre Saucerotte et à une population qui a été aussi éprouvée que celle de **Lunéville**.

La dépêche dont parle M. Duquet n'était pas autre chose que l'engagement écrit de subvenir à la subsistance des troupes qui suivaient la cavalerie d'exploration. C'est un engagement que tout officier précédant une colonne doit avoir la précaution de prendre, pour établir la responsabilité de celui qui assure la fourniture. Cet engagement n'était pas adressé au Prince royal, et, en lui attribuant cette destination, M. Duquet doit avoir eu en vue la démarche que M. Alexandre Saucerotte fit, en effet, le 16 août, auprès du Prince royal, pour obtenir l'exonération d'un impôt de 700.000 francs, que des agents peu scrupuleux de l'intendance prussienne voulaient faire payer à la ville, à leur profit personnel.

Par le long séjour qu'il avait fait près de la cour de Russie, M. Saucerotte avait, plus que tout autre, qualité pour aborder, dans les formes protocolaires, un haut personnage comme le commandant de la III<sup>e</sup> armée allemande, et le Prince royal, en lui donnant satisfaction, a montré qu'il avait su apprécier la correction de M. Saucerotte et l'énergie avec laquelle il a pris la défense de ses administrés.

L. D.

## ANNEXE N° 6

### L'EXÉCUTION DE GIGANT

Dans l'exposé des événements qui ont entraîné l'exécution de Gigant, l'auteur, dans ce journal, et M. Henri Beaumont, dans son *Histoire de Lunéville,* laissent planer sur l'attitude des acteurs B... et M... une incertitude qui peut être interprétée dans un sens désobligeant pour ces derniers.

Quand MM. B... et M..., prévenus que des Allemands dévalisaient leur propriété, se livrèrent à des voies de fait, ils n'avaient, en aucune façon, prémédité la conduite qu'ils allaient tenir.

La hachette qui servit à blesser l'un des soldats prussiens était l'instrument que ceux-ci avaient employé pour enfoncer la porte ; les propriétaires la trouvèrent près de l'entrée du jardin, et ne réfléchirent qu'après la mise en fuite des maraudeurs aux conséquences de leur geste. C'est alors qu'ils gagnèrent dans la direction d'Épinal un pays qui n'était pas encore envahi ; mais ils ne se doutaient en aucune façon que leur conduite pût entraîner une suite aussi grave que l'arrestation de deux innocents et l'exécution militaire de l'un d'entre eux.

Quand, plusieurs jours après la mise en liberté de Jocquel, MM. B... et M... apprirent par la rumeur publique la sanction que l'autorité allemande avait donnée à l'incident, le sacrifice qu'ils auraient pu faire de leur vie, en venant se constituer prisonniers, n'aurait modifié en rien le sort des deux victimes.

Ils restèrent cachés, et ne reparurent à Lunéville qu'après la signature de la paix.  L. D.

---

# ANNEXE N° 7

### L'ÉVASION DU LIEUTENANT-COLONEL MINOT

L'évasion du lieutenant-colonel Minot est un fait dont les habitants de Lunéville n'ont parlé que d'une façon très discrète au moment où il s'est produit. Il y avait intérêt, autant pour les acteurs que pour toute la ville rendue responsable, à le tenir caché à l'autorité allemande. On n'en parlait qu'à mots couverts, et les versions qui circulaient étaient loin d'être précises. La relation qu'en a faite M. Cathal est celle qui était la plus répandue.

Nous avons pu la compléter par des documents authentiques que nous exposons ci-après :

Voici d'abord une lettre que le lieutenant-colonel

Minot écrivait en 1871 à M. Masson, l'un des acteurs de la scène, au jour anniversaire de son évasion :

> Paris, le 10 septembre 1871.
>
> Mon cher Masson,
>
> Je n'ai pas perdu, croyez-le bien, le souvenir du service que vous m'avez rendu il y a un an, lorsque j'arrivais à Lunéville le samedi soir 10 septembre et lorsque j'en repartais un peu précipitamment le lendemain, dans le milieu de la journée. Bien des jours se sont écoulés depuis et ils ont presque tous été bien tristes pour moi.
>
> Je suppose que vous avez pu reprendre votre travail et que votre famille prospère autour de vous. Les temps sont durs, malheureusement, et dans les pays occupés par l'ennemi l'existence doit être plus pénible qu'à Paris, où l'on oublie si légèrement les malheurs du pays. Je me porte bien, mais les fatigues de la dernière guerre ne m'ont pas rajeuni. Je me trouve pour le moment employé à Paris ; j'y suis très occupé, ce qui ne m'empêche pas de me souvenir du passé et de ceux qui m'ont assisté dans mes tribulations.
>
> Vous êtes de ceux-là, mon cher Masson, et si j'avais quelque occasion de vous être utile à vous ou à quelqu'un des vôtres, je serais heureux de vous montrer que je n'ai pas oublié votre dévouement à mon égard. Votre fille mariée a été particulièrement bonne et obligeante pour moi ; je vous prie de lui en témoigner ma reconnaissance, en lui souhaitant bonne chance pour elle et pour les siens ; son mari sera revenu, je l'espère, en bonne santé ; je suppose qu'il aura repris son emploi à Baccarat, et je désire bien que l'on tienne compte à la manufacture des services qu'il a pu rendre pendant la campagne à son pays.
>
> Au revoir, mon cher Masson, je vous envoie une bonne poignée de main et pour tous les vôtres un bon souvenir.
>
> A. MINOT,
> *Lieutenant-colonel d'artillerie.*

La note ci-après, qui a été rédigée, il y a quelques années, sur notre demande, par notre ami Paul Saucerotte, fils du Dr Tony Saucerotte, précise, d'après le récit de ses parents, d'une façon très nette le rôle des personnes qui ont coopéré à l'évasion :

Au mois de septembre 1870, les dames de Lunéville se portaient à la gare au passage des trains qui emmenaient en Allemagne les prisonniers français. Mlle Epplé était du nombre ; c'était une jolie personne d'une trentaine d'années et dont le père était entrepreneur de charpente et menuiserie, rue Sainte-Élisabeth. Le but des visites faites au passage des trains était de porter aux prisonniers des vivres et des vêtements et aussi de les faire évader. Mlle Epplé offrit ses services au colonel Minot, qui les accepta.

Elle lui fit quitter la gare et l'emmena, en lui donnant le bras, à la maison Brisac qui était gardée par M. Masson, serrurier, en l'absence des propriétaires (M. Brisac était commandant du 2e bataillon de mobiles de la Meurthe).

M. Masson prévint mon père qui alla à la maison Brisac avec des effets civils. Le départ fut projeté pour le lendemain après-midi ; il fallait se hâter, car une femme des environs, ayant rencontré Mlle Epplé et le colonel, avait raconté partout, faisant une confusion de personnes, que le commandant Brisac était rentré chez lui au bras de sa fille. Les Allemands qui habitaient la maison semblaient assez préoccupés de ces racontars.

Le lendemain après-midi, le colonel sortait avec M. Masson par une porte donnant sur une ruelle de jardins qu'on appelait ruelle de la Souricière, à l'emplacement de la rue Gaillardot actuelle ; ils étaient rejoints par mon père et tous trois se dirigeaient vers Baccarat par l'ancien chemin de Moncel.

Nous suivions en voiture de très loin avec ma mère, pour ramener mon père. Mon père avait donné au colonel une lettre pour son camarade de collège, M. Paul Michaut, administrateur des Cristalleries de Baccarat. Le colonel Minot trouva à Moncel une voiture que mon père avait fait préparer ; il atteignit Baccarat sans encombre. Le lendemain ou le surlendemain, M. Paul Michaut écrivait à mon père que le colonel Minot était en sûreté.

Signé : Paul SAUCEROTTE.

Enfin, MM. Masson frères, fils de M. Masson, décédé en février 1911, nous ont donné les explications complémentaires suivantes :

M. Masson père, qui était au passage du train, donna au colonel Minot son propre manteau ; c'était un caban bleu foncé à brandebourgs, assez long, qui cachait jusqu'aux bottes les bandes de sa culotte d'artilleur. Un ouvrier faïencier, dont nous n'avons pu retrouver le nom, donna sa casquette, et la nuit qui tombait permit au colonel de rester au milieu des habitants de Lunéville sans attirer l'attention des sentinelles.

Après le départ du train et des sentinelles, le colonel se retira, sans affectation, en même temps qu'un groupe de personnes, et M. Masson et M$^{lle}$ Epplé le conduisirent au château Brisac.

Cette propriété n'était pas encore, comme elle le fut quelques jours plus tard, affectée à la Commandature. Elle ne renfermait comme garnisaires que quatre télégraphistes saxons de la landwehr qui regardaient avec méfiance le nouveau venu ; néanmoins, ils se contentèrent de l'explication donnée par M. Masson que ce nouveau venu était son frère.

Le lendemain, pendant que M$^{me}$ Masson offrait aux soldats saxons une tasse de café, le colonel Minot et M. Masson, la canne à pêche sur le dos, prenaient avec le docteur Saucerotte le chemin du Moncel où ils trouvaient une voiture fournie par M. Marchal.

Il nous semble inutile, après cet exposé, de faire un récit spécial de l'évasion du colonel ; les faits confirment l'un et l'autre, et ils font le plus grand honneur aux personnes qui y ont pris part. Indépendamment du service qu'elles ont rendu à la France en donnant à l'armée un homme de la valeur et de l'énergie du lieutenant-colonel Minot, elles montraient un courage et une abnégation dignes de la plus grande admiration et s'exposaient aux punitions les plus sévères. Une proclamation du 29 août 1870 du gouverneur général de la Lorraine, von Bonin, disait en effet :

« 1° La juridiction militaire est établie par la présente. Elle sera appliquée dans toute l'étendue du tertoire français occupé par les troupes allemandes, à toute action tendante (sic).... à porter assistance à l'ennemi. » (*Moniteur officiel de la Lorraine* du 8 septembre 1870.)

L'exécution du pauvre Gigant avait fait connaître aux habitants de Lunéville la brutalité inflexible avec laquelle agissaient les Allemands ; mais ceux-ci ne se doutèrent pas, pendant la guerre, de l'évasion du lieutenant-colonel Minot.     L. D.

# ANNEXE N° 8

#### LES HAUTS FONCTIONNAIRES PRUSSIENS

Dans un *Journal d'un habitant de Nancy pendant l'invasion de 1870-1871*, M. Louis Lacroix, professeur d'histoire à la Faculté des Lettres, raconte une conversation qu'il eut, le 2 novembre, avec M$^{gr}$ Foulon, évêque de Nancy, dans laquelle il nous renseigne sur l'origine et l'attitude à son égard de trois des hauts fonctionnaires prussiens du gouvernement de la Lorraine, et dont nous extrayons ce qui suit : « Le général baron von Bonin, gouverneur militaire de la Lorraine, est un Prussien protestant qui, à son entrée en fonctions, est venu en grand uniforme, tout constellé de décorations, et accompagné de deux aides de camp, faire à l'évêque une visite de politesse.

« Très respectueux, il considère l'Église comme un pouvoir indépendant sur lequel la conquête ne lui donne aucun droit.

« Le comte Renard, préfet prussien de la Meurthe, est un Silésien ; il a beaucoup vécu en France, sait parfaitement notre langue ; il est d'un embonpoint exagéré, à la tête d'une immense fortune ; il possède une écurie de course et a fait courir en France et en Angleterre.

« Comme le baron de Bonin, il est accommodant avec l'Église, et témoigne à M$^{gr}$ Foulon les dispositions es plus favorables.

« Le marquis de Villers, commissaire civil de la Lorraine, est né à Sarrelouis, du temps du premier Empire, c'est-à-dire en territoire français. Il a été garde du corps de Charles X, a quitté la France en 1830, à la chute du Roi, et a embrassé, en Prusse, la carrière administrative. Il était gouverneur de Cologne en 1870. Il a des sœurs restées françaises, et, dans le département de la Meurthe, des parents qu'il embarrasse par ses visites. Il a fait une visite à M$^{gr}$ Foulon, a été surabondant en démonstrations respectueuses, a fléchi le genou pour en prendre congé, et lui a demandé sa bénédiction pour les siens et pour lui-même. Ses manières et son langage ont été ceux d'un homme bien élevé, de haute politesse, et de parfaite convenance. »

Nous avons cru intéressant de noter l'attitude des dignitaires allemands dans leurs relations de début avec l'évêque de Nancy, attitude tout à fait en désaccord avec leurs procédés habituels, et qui n'a pas tardé à se modifier.

Ce mélange de brutalité et de politesse exagérée est, encore aujourd'hui, un des caractères typiques de la nature allemande.

L. D.

# ANNEXE N° 9

### LES NOTABLES SUR LES LOCOMOTIVES

Dans son arrêté du 18 octobre, relatif à la présence de notables sur les locomotives (*Moniteur officiel* du

21 octobre), le commissaire civil de la Lorraine, marquis de Villers, s'appuyait sur ce que « plusieurs endommagements avaient eu lieu sur les chemins de fer » exploités par les Allemands.

M. Jacqmin, directeur de l'exploitation du chemin de fer de l'Est, disait, dans une série de leçons, faites en 1872 à l'École des Ponts et Chaussées, qu'il n'avait pu trouver, sauf pour Fontenoy, soit dans les journaux allemands, soit dans les journaux français, aucun détail précis sur les agressions commises par des francs-tireurs ou des partisans isolés. (*Les Chemins de fer en 1870-1871*, p. 274.)

La mesure, qui n'était pas particulière à la Lorraine, était donc une vexation qui a été sévèrement jugée à l'étranger.

Les otages, choisis parmi les personnes les plus honorables de la localité, recevaient à domicile la convocation suivante :

A.........., le..........1870

Monsieur.........., est invité à se rendre, à la vue de la présente, à la gare du chemin de fer de..........à la disposition du soussigné pour accompagner par mesure de sûreté le train partant à....heures....minutes pour..........

En cas de refus, la gendarmerie procédera à la contrainte par corps.

*Le Commandant d'étapes.*

Ce fut, croyons-nous, M. Jeannequin, procureur, qui accompagna le premier un train de Lunéville à Nancy.

La mesure ne fut pas appliquée avec une extrême rigueur dans le département de la Meurthe. Les notables étaient très gênants pour le mécanicien et le chauffeur de la machine, et quelques-unes des victimes eurent l'adresse, en se conformant aux ordres des Allemands, d'en faire ressortir le ridicule.

C'est ainsi qu'à Nancy, le comte de Warren, commandé pour accompagner un train allant à Commercy, monte sur la machine en grande tenue de cérémonie, constellé de toutes ses décorations.

Arrivé à Commercy, il se présente au général commandant d'armes qui le fait immédiatement reconduire par train spécial.

Par contre, M. Chatillon, conseiller à la Cour, se présente à la gare de Nancy, vêtu comme un chauffeur des chemins de fer, la pipe à la bouche, les mains dans les poches; le commandant d'étapes refuse de reconnaître en lui un notable de la ville, et le renvoie.

M. Alexandre de Roche du Teilloy, professeur au lycée, reçoit une convocation pour un moment où il a des cours prévus à l'emploi du temps. Il fait remarquer que l'ordre du commandant d'étapes l'obligera à suspendre ces cours, et il reçoit, de la Commandature, contre-ordre « au *régard* (sic) de ses fonctions ». (Renseignements verbaux de M. Alexandre de Roche du Teilloy.)

Les Allemands s'apaisèrent peu à peu; ils échelonnèrent les convocations; déjà, à cette date, rien ne les exaspérait comme le sourire du Français.

L. D.

# AVIS.

La plus revêche surveillance à la sûreté du chemin de fer et d'étape.

Le pont de chemin de fer, tout près de Fontenoy, aux environs de Toul aujourd'hui la nuit fait sauter.

Pour le punition la village de Fontenoy fut brûlée de fond en comble.

Le même sort tombera aux lieux, dans lesquels quelque chose arrive de semblable.

Toul, le 22 Janvier 1871.
Le commandant d'étapes,
von SCHMADEL.

## ORDRE DE LA PLACE

Les villages situés dans un rayon distant de 10 kilomètres de la ville de Toul sont sommés de ne plus sonner leurs cloches jusqu'à nouvel ordre.

Toul, le 22 janvier 1871.
Le commandant de place,
SCHNEHEN.

FAC-SIMILÉ DE L'AFFICHE DE FONTENOY

## ANNEXE N° 10

Nous reproduisons le fac-similé de l'affiche que le commandant d'étapes de Toul fit apposer sur les murs de cette ville le jour même de l'explosion du pont de Fontenoy. La forme dans laquelle cette pièce est rédigée indique assez la fureur de cet officier, responsable de la sûreté et de la garde des communications.

---

## ANNEXE N° 11

Seppi (en allemand vulgaire, diminutif de *Joseph*).

Dans une suite d'articles parus de mars à mai 1871, le journal *Les Petites Affiches* a publié, sous le titre : « Le Martyrologe », une série de notices sur les habitants de Lunéville qui se sont distingués pendant la guerre. Celle de Seppi est une des plus élogieuses et nous la résumons ci-après :

« Joseph Lamasse, simple journalier en 1870, avait servi sept ans, en Afrique, en Italie et au Maroc, comme soldat au 3$^e$ zouaves. Blessé à Palestro, il avait une petite pension. En 1870 il s'engage, le 6 août, aux francs-tireurs de Frouard et participe comme sergent à l'attaque d'un convoi d'otages et de voitures sortant de Baccarat le 16 septembre, puis à la bataille de Nompatelize.

« Des francs-tireurs de Frouard, il passe aux Enfants-Perdus des Vosges, puis est versé à la brigade mixte des Vengeurs de la Mort. Dans un combat, le 2 janvier 1871, à Abbéviller, entre Besançon et Belfort, le chef de brigade, suspect, passe en Suisse avec 14 officiers et 320 hommes. Lamasse revient avec 400 hommes à Besançon, où il est nommé sous-lieutenant, puis lieutenant.

« Aux environs de Dijon, le 19 janvier, à 4 heures du soir, en chargeant avec sa compagnie qui ramène deux pièces de canon et le drapeau du 61e de ligne prussien, il reçoit une balle à la cuisse droite. Évacué sur Lyon, il y est licencié. »

Le lieutenant-colonel Rousset, dans son *Histoire populaire de la guerre de 1870-1871*, met au 23 janvier le fait d'armes qui, d'après les *Petites Affiches*, se serait passé le 19 ; c'est une erreur de date de la part du journal.

Dans une feuille populaire de l'imagerie d'Épinal, portant le n° 147 et le titre : *Bataille de Dijon — Riciotti Garibaldi, 23 janvier 1871*, nous voyons représenté un engagement entre Garibaldiens et dragons allemands.

Comme fond de tableau, une ville naïvement dessinée, dans laquelle on reconnaît vaguement la silhouette de Saint-Bénigne, église de Dijon. Au premier plan, un officier garibaldien, monté sur un superbe cheval blanc qui se cabre, reçoit d'un soldat à chemise rouge un drapeau blanc et noir.

Dans la légende, cette explication :

« L'ennemi, en battant en retraite, laissa entre les

mains de la brigade Riciotti, le drapeau du 61ᵉ régiment d'infanterie. »

Ainsi, le pauvre *Seppi* a coopéré activement, et d'une façon incontestable, à la prise, peut-être unique, d'un drapeau allemand en 1870. De sa gloire passagère, il n'a conservé que le titre d'« officier du pont » que ses collègues, scieurs de bois, attendant habituellement la clientèle sur le pont de la Vezouse, lui ont décerné.

Joseph Lamasse est mort misérablement le 13 décembre 1898.

L. D.

## ANNEXE N° 12

*Procès-verbal de vente par adjudication publique des aigles, hampes et franges provenant de quatre drapeaux.*

L'an mil huit cent soixante et onze, le 11 décembre, je soussigné Guilloux, receveur des Domaines au bureau d'Oran,

Vu l'article 16 de l'Ordonnance du 31 mai 1828, portant qu'aucune vente des objets mobiliers provenant des ministères ne s'effectuera sans l'intervention des agents de l'Administration des Domaines ;

Vu la lettre de M. Berger, sous-intendant militaire, en date du 6 août 1871, sans numéro, autorisant la vente des aigles, hampes et franges d'or et d'argent provenant des drapeaux des 92ᵉ de ligne, 1ᵉʳ régiment de chasseurs de France, 2ᵉ régiment de spahis et 4ᵉ régiment de chasseurs d'Afrique ;

Après les affiches, en date du 28 novembre 1871, indiquant ladite vente pour le 11 décembre 1871, à 1 heure de l'après-midi, devant les bureaux de la préfecture, boulevard Malakoff,

Me suis transporté audit lieu, à l'heure fixée, et là, remise m'ayant été faite des objets à vendre, j'ai annoncé au public assemblé :

1º Que la vente aurait lieu expressément au comptant ;

2º Qu'il serait perçu 5 % en sus du prix principal, pour droits de timbre et d'enregistrement du procès-verbal ;

Puis, sans désemparer, j'ai, en présence de M. Berger, susqualifié, procédé à la vente au plus offrant et dernier enchérisseur, et au comptant, des objets ci-après qui ont été adjugés :

| | ADJUDICATAIRES | PRIX de l'adjudication |
|---|---|---|
| 1º Aigle et hampe du drapeau du 92ᵉ de ligne . . . . . . . . . . . . | Touboul | 2ᶠ 75 |
| 2º Aigle et hampe du drapeau du 1ᵉʳ régim. de chasseurs de France | Touboul | 2 25 |
| 3º Aigle et hampe du drapeau du 2ᵉ régim. de spahis . . . . . . . | Touboul | 1 25 |
| 4º Aigle et hampe du drapeau du 4ᵉ régim. de chasseurs d'Afrique | Duval, capitaine | 10 » |
| 5º Franges d'or et d'argent des quatre drapeaux pesant 1ᵏᵍ 430 . . . . . | Siboni | 170 » |
| | | 186ᶠ 25 |

Le présent procès-verbal a été clos les jour, mois et an que d'autre part.

Le 11 décembre 1871.

*Le Receveur,*
*Signé :* Guilloux.

*Le Sous-Intendant militaire,*
*Signé :* Berger.

# TABLE DES PLANCHES

|   | Pages |
|---|---|
| 1. Le général de Bonnemains, commandant la cavalerie de Lunéville en 1870 . . . . . . . . . . . | 10 |
| 2. Le départ des mobiles de Lunéville . . . . . . . | 13 |
| 3. Les réquisitions en Lorraine . . . . . . . . . . . | 32 |
| 4. Joseph Gigant et sa plus jeune fille . . . . . . | 38 |
| 5. La gare de Lunéville en 1870. . . . . . . . . . | 48 |
| 6. La propriété Brisac . . . . . . . . . . . . . . . . | 63 |
| 7. Épisode du combat de Nompatelize (6 octobre 1870). | 72 |
| 8. Un des dix-mille. . . . . . . . . . . . . . . . . | 91 |
| 9. M. Edmond Keller. . . . . . . . . . . . . . . . . | 93 |
| 10. Au château Brisac le 26 février 1871. . . . . . . | 110 |
| 11. M. Majorelle . . . . . . . . . . . . . . . . . . . | 138 |
| 12. Le Château. . . . . . . . . . . . . . . . . . . . | 141 |
| 13. Monument commémoratif de 1870-1871 . . . . . | 156 |
| 14. Fac-ismilé de l'affiche de Fontenoy. . . . . . . . | 206 |

# TABLE DES MATIÈRES

|  | Pages |
|---|---|
| Préface de M. le général Farny. | v |
| Introduction | ix |

## 1870

| | |
|---|---|
| Attitude de la population à la déclaration de la guerre. | 1 |
| Départ de la garnison. — Passage de troupes | 3 |
| Accalmie. | 4 |
| Combat de Sarrebrück. Les chasseurs d'Afrique campent aux Bosquets. | 5 |
| Premiers revers. | 6 |
| Défaite de Frœschwiller | 7 |
| La garde mobile est rassemblée au quartier des Carmes. — Le retour de la division Bonnemains. | 10 |
| La brigade Michel. — Les fuyards | 12 |
| Le 10 août à Lunéville. | 13 |
| Les deux camps de l'armée du Rhin : au champ de Mars. — A Rehainviller. | 16 |
| Les services publics ne fonctionnent plus. — Dans l'abandon. Dans l'attente. | 18 |
| Voilà les Prussiens ! | 19 |
| Herr Professor | 21 |
| Deux retardataires. — Les hussards de la mort s'en retournent | 22 |

## TABLE DES MATIÈRES

|  | Pages |
|---|---|
| Dans l'isolement. — L'avant-garde | 23 |
| La fuite du uhlan | 24 |
| Mesures prises pour la nourriture de l'armée prussienne. — Les « Escroquères » | 25 |
| Les intendants n'oublient rien | 26 |
| L'invasion | 27 |
| Sur la terrasse | 28 |
| Arrivée du Prince royal de Prusse | 29 |
| Les convois. — Entrevue du Prince royal et du maire de Lunéville | 30 |
| Les Prussiens raflent tout | 32 |
| La ville est affamée | 33 |
| Les corps d'armée allemands se suivent sans interruption et se ravitaillent à Lunéville | 34 |
| Un martyr | 35 |
| Les Prussiens sèment la terreur | 39 |
| Toute la Confédération germanique s'abat sur Lunéville | 40 |
| Nouvelles menaces et nouvelles exigences des Prussiens | 41 |
| Les carrières de Jaumont. — Les déprédations continuent | 42 |
| On entend le canon | 44 |
| Exploit des Bavarois | 45 |
| C'est la misère | 46 |
| Mise en liberté de M. Jocquel. Retraite de M. Saucerotte. Enlèvement du drapeau de la mairie | 47 |
| Alternatives d'espérance et de découragement | 49 |
| Réouverture de la poste | 52 |
| Les trains circulent en tous sens jusqu'à Toul. — Le typhus guette la ville. — La landwehr | 53 |
| Les Prussiens deviennent de plus en plus exigeants | 54 |
| Vers Toul. — L'annonce du désastre | 55 |

# TABLE DES MATIÈRES

|  | Pages |
|---|---|
| **Sedan.** — L'effondrement | 57 |
| La république est proclamée. — Les volontaires de 1870 | 59 |
| Passage des prisonniers de Sedan | 60 |
| Les évasions | 61 |
| Proclamation de Jules Favre | 64 |
| Mauvaises nouvelles de Strasbourg. — Le landsturm | 65 |
| Offizierkaffee et Café des officiers, ce n'est pas la même chose. — Capitulations de Toul et de Strasbourg | 66 |
| Gauby fait arrêter trois membres de la Commission municipale | 67 |
| Protestation du Conseil municipal | 68 |
| Nomination d'une municipalité | 69 |
| Réquisitions extraordinaires | 70 |
| Nos mobiles | 71 |
| Encore un martyr | 73 |
| Un sous-préfet lorrain qui n'a pas peur. — Deux amis | 74 |
| Pour empêcher les déraillements | 75 |
| Mais, que fait Bazaine ? | 76 |
| **Metz.** — La honte | 77 |
| Bazaine passe à Lunéville | 78 |
| Toute la vieille armée prisonnière | 79 |
| C'est fini ! on désespère ! | 80 |
| Liste des hommes de vingt et un à quarante ans | 81 |
| « Nach Verdun » | 82 |
| La ville et la campagne sont écrasées sous le poids des charges et des réquisitions | 83 |
| Les malades de Metz | 84 |
| **Phalsbourg.** — Un brave | 86 |
| Les prisonniers de l'armée de la Loire | 87 |
| Les dix-mille | 89 |

|   |   |
|---|---|
| La ruine.  | 92 |
| Les Prussiens s'amusent. | 94 |
| L'abomination de la désolation. | 95 |
| La nuit à Lunéville. | 96 |

# 1871

|   |   |
|---|---|
| Près de Belfort ? La destruction du pont de Fontenoy-sur-Moselle. — Enlèvement de rails à Sarrebourg. Conséquences de la catastrophe de Fontenoy. | 98 |
| Paris capitule ! | 100 |
| La répartition des dix millions. | 102 |
| **Pendant l'armistice.** — Élections à l'assemblée nationale. — Gauby lacère les affiches. | 103 |
| Un bon roi. — Résultats des élections. | 104 |
| Échange de prisonniers. — Arrestation de notables (première fournée). | 105 |
| Blocus de la ville. — Offre généreuse du maire de Lunéville. | 106 |
| Arrestation de notables (deuxième fournée). | 107 |
| Mauvaise foi allemande. | 108 |
| L'armistice n'est pas fait pour tout le monde. | 109 |
| **La paix.** — Réception à la Commandature. — Les Prussiens se radoucissent. | 110 |
| M. le gouverneur se refâche. | 111 |
| Conditions de la paix. | 112 |
| **Pendant l'occupation.** — La danse des écus. | 114 |
| Les prisonniers n'ont pas été échangés. | 115 |
| Démission de M. E. Keller. | 116 |
| État de guerre ou état de paix, c'est toujours l'invasion. | 117 |

|  | Pages |
|---|---|
| Meurtre de M. Duchène | 118 |
| Le premier sous-préfet de la République | 120 |
| Les héros de Bitche à Lunéville | 121 |
| On rentre | 123 |
| Protestation du Conseil municipal contre la Commune | 124 |
| Gauby rançonne toujours. Sans-gêne des Prussiens | 126 |
| Les deux préfets. — Oh! les sales bêtes! | 129 |
| Le retour des prisonniers | 130 |
| Un type de parvenu | 133 |
| A la sous-intendance. — Le menu des prisonniers | 134 |
| Les frères Diot sont relâchés | 135 |
| La bonté de Gauby | 136 |
| Sous la domination prussienne | 138 |
| La liquidation commence. — Les rabioteurs | 140 |
| Pauvre Château. — Le Conseil municipal demande le transfert à Nancy des facultés de Strasbourg | 141 |
| L'invasion reprend | 142 |

# 1872

|  |  |
|---|---|
| Si, en 1870, nous avons péché par ignorance, il ne faut pas que cela se renouvelle | 144 |
| Après la vente des drapeaux, on habille à la prussienne la cavalerie légère | 144 |
| La liquidation continue. — En pays conquis | 147 |
| Lâcheté et patriotisme | 149 |
| Fin de la liquidation | 150 |
| La petite guerre en 1872 ou l'invasion pacifique. — La rançon | 151 |

| | Pages |
|---|---|
| Les options. | 153 |
| Monument commémoratif. — L'instruction des recrues | 156 |

## 1873

| | |
|---|---|
| La date de la libération du territoire est fixée | 158 |
| Grandes manœuvres du 27 mai au 10 juillet | 160 |
| Le conflit. | 162 |
| Un agent de police patriote. | 165 |
| Les conséquences du conflit | 166 |
| Comment on écrit l'histoire. | 170 |
| Après la défense de sortir le soir, l'empêchement d'aller au bois dans la journée | 171 |
| L'évacuation et la liberté pour le 1er août | 171 |
| Encore le préfet Doniol | 172 |
| Le départ des Prussiens. — Le nettoyage | 173 |
| Les gendarmes mobiles. — La délivrance | 174 |
| Le retour de la garnison française. | 180 |
| Honneurs rendus aux morts | 183 |

**Notes et annexes** par Léopold Duchateau, de Lunéville . . . . . . . . . . . . . . . . . . . . . . . . . . 185

Annexe n° 1. — Le départ des lanciers. — Le départ de la batterie d'artillerie . . . . 186
— n° 2. — Les transports de concentration . . 187
— n° 3. — La garnison de Lunéville le 1er août 1870 . . . . . . . . . . . . . . . . 189
— n° 4. — Les cartes du maréchal de Mac-Mahon . . . . . . . . . . . . . . . . 190
— n° 5. — Les clés de Lunéville . . . . . . . . 193

# TABLE DES MATIÈRES

|  | Pages |
|---|---|
| ANNEXE n° 6. — L'exécution de Gigant. | 197 |
| — n° 7. — L'évasion du lieutenant-colonel Minot. | 198 |
| — n° 8. — Les hauts fonctionnaires prussiens. | 203 |
| — n° 9. — Les notables sur les locomotives. | 204 |
| — n° 10 — Fac-similé de l'affiche de Fontenoy | 207 |
| — n° 11 — Seppi. | 207 |
| — n° 12. — Procès-verbal de vente par adjudication publique des aigles, hampes et franges provenant de quatre drapeaux | 209 |

NANCY-PARIS, IMPRIMERIE BERGER-LEVRAULT

# LIBRAIRIE MILITAIRE BERGER-LEVRAULT

*PARIS, 5-7, rue des Beaux-Arts — rue des Glacis, 18, NANCY*

**Force au Droit** (*Question d'Alsace-Lorraine*), par H. MARINGER. 1913. Un volume in-12, avec 2 cartes dressées par le lieutenant LAPOINTE, br. **3 fr. 50**

**Le Pangermaniste en Alsace**, par Jules FROELICH. 1913. 9e mille. Un volume in-12, avec 16 dessins par HANSI, broché. . . . . . . . . . . . **75 c.**

**L'Armée toujours prête**, par Joseph REINACH, député. 1913. Un volume in-12 de 467 pages, broché . . . . . . . . . . . . . . . . . . . . . . . **3 fr. 50**

**La Prochaine Guerre**, par Ch. MALO, avec une préface par Henri WELSCHINGER, membre de l'Institut. 1912. Un volume grand in-8 . . . . . **2 fr.**

**Les Armements allemands. La Riposte**, par le capitaine Pierre FÉLIX. 1912. Un volume in-8 . . . . . . . . . . . . . . . . . . . . . . . . . . **1 fr.**

**Une Réponse française au programme militaire allemand**, par le capitaine LE FRANÇAIS. 1912. Un volume in-12 . . . . . . . . . . . **2 fr.**

**Nos Frontières de l'Est et du Nord.** *Le service de deux ans et sa répercussion sur leur défense*, par le général C. MAITROT. Nouvelle édition, revue, mise à jour et augmentée, avec une préface du général KESSLER. 1913. Un volume grand in-8, avec 9 cartes et 8 croquis, broché . . . . . . **3 fr. 50**

**La France victorieuse dans la Guerre de demain.** *Étude stratégique*, par le colonel Arthur BOUCHER. 1912. Édition revue et corrigée. 21e mille. Un volume in-8, avec 9 tableaux et 3 cartes, broché . . . . . . . . . . **1 fr. 25**

**L'Offensive contre l'Allemagne.** *Étude stratégique*, par le même. 1912. Édition revue et corrigée. 13e mille. Un volume in-8, avec 3 cartes, br. **1 fr.**

**La Belgique à jamais indépendante.** *Étude stratégique*, par le même. 5e mille. 1913. Un volume in-8, avec 2 cartes, broché . . . . . . . . **1 fr.**

**La Durée de la prochaine guerre.** *Essais stratégiques*, par le commandant MORDACQ, de l'École supérieure de guerre, suivi d'une note du général LANGLOIS. 1912. Brochure grand in-8. . . . . . . . . . . . . . . . . **1 fr.**

**Les Manœuvres impériales allemandes en 1911.** Suite d'articles adressés au *Times*, par le colonel REPINGTON. Traduit de l'anglais par Reginald KANN. 1912. Un volume in-8, avec deux cartes, broché . . . . . . . **1 fr.**

**Les Manœuvres impériales allemandes en 1912.** Articles publiés dans le *Journal des Débats*, par R. DE THOMASSON, correspondant militaire du *Journal des Débats*, directeur des *Questions diplomatiques et coloniales*. Préface du général DE TORCY. 1912. Un volume in-8, avec 2 cartes, broché. **1 fr.**

**La Doctrine de Défense nationale**, par le capitaine SORB. (*Stratégie moderne. La prochaine guerre franco-allemande. La question des alliances et des ententes.*) 1912. Un volume grand in-8 de 420 pages, broché. **7 fr. 50**

**Opinions allemandes sur la Guerre moderne**, d'après les principaux écrivains militaires allemands.

— 1er FASCICULE : **Les Bases de l'Art de la Guerre. Armement et Technique modernes.** 1912. Un volume grand in-8, broché. . . . . . . **1 fr.**

— 2e FASCICULE : **Méthodes de commandement. Mécanisme des marches. L'Offensive et la Défensive.** 1912. Un volume grand in-8, broché. . . . . . . . . . . . . . . . . . . . . . . . . . . . . . . . . **1 fr.**

— 3e FASCICULE : **Principes fondamentaux de la Stratégie et de la Tactique. Conduite des Opérations. Opérations sur mer.** 1912. Un volume grand in-8, broché. . . . . . . . . . . . . . . . . . . . . **1 fr.**

**État militaire de toutes les Nations du Monde en 1913**, par Charles MALO. Un volume in-8 étroit de 150 pages, broché . . . . . . . **1 fr. 25**

# LIBRAIRIE MILITAIRE BERGER-LEVRAULT

*PARIS, 5-7, rue des Beaux-Arts — rue des Glacis, 18, NANCY*

**Guerre de 1870-1871.** Aperçu et commentaires, par Pierre LEHAUTCOURT. [Général PALAT.] — I. *La Destruction des Armées impériales.* — II. *Les Armées de la Défense nationale.* 1910. Deux volumes in-8 de 738 pages, avec 5 cartes hors texte, brochés . . . . . . . . . . . . . . . . **10 fr.**

**Les Horreurs de l'Invasion 1870-1871.** 1913. Un volume in-8 étroit de 106 pages, broché . . . . . . . . . . . . . . . . **90 c.**

**Les Champs de bataille de 1870,** par Henri DORIZY. Guide-Album avec 122 photographies et 10 cartes. Préface du général LYAUTEY. 1911. Brochure grand in-8 de 32 pages. Tirage en plusieurs couleurs . . . . . . **1 fr. 60**

**Wissembourg au début de l'invasion de 1870.** *Récit d'un sous-préfet,* par Edgar HEPP. 1887. Un volume grand in-8, broché . . . . . **3 fr.**

**La Bataille de Frœschwiller.** *Les Préliminaires. Les Incertitudes. L'Événement,* par A. DE METZ-NOBLAT, membre de l'Académie de Stanislas, de la Société des Sciences de Nancy, etc. 1911. Un volume in-8 de 124 pages, avec 2 cartes et un itinéraire du champ de bataille, broché . . . . . **2 fr. 50**

*Un Héros de la Défense nationale.* **Valentin et les derniers jours du siège de Strasbourg,** par Lucien DELABROUSSE. 1898. Un volume in-8 avec un portrait, un autographe de Valentin et 2 cartes, broché . . . . **5 fr.**

**Journal d'un habitant de Colmar (Juillet à Novembre 1870),** par Julien SÉE, suivi du cahier de Mlle H... pendant le mois de janvier 1871 et d'autres annexes. 1884. Volume in-8, avec 3 croquis d'Aug. BARTHOLDI et un dessin original d'Em. PENSOYNE, broché . . . . . . . . **7 fr. 50**

**Journal d'un officier de l'armée du Rhin,** par le général FAY. 5e édition, revue et augmentée. 1890. Volume in-8 de 410 pages avec une carte des opérations, broché . . . . . . . . . . . . . . . . **5 fr.**

**Journal de Captivité d'un officier de l'Armée du Rhin** (*27 octobre 1870-18 mars 1871*), par le capitaine Henri CHOPPIN. 1912. Un volume in-12 de 422 pages, avec portrait, broché . . . . . . . . . . . . **3 fr. 50**

**La Vérité sur le siège de Bitche (1870-1871).** Les quatre missions de l'auteur ; leur but, leur résultat, par le capitaine MONDELLI, adjoint au commandant de la place de Bitche. (Couronné par l'Académie Française.) 1900. Un volume in-12 de 300 pages, broché . . . . . . . . . **3 fr. 50**

**Les Régiments de la division Margueritte et les charges à Sedan,** par le général ROZAT DE MANDRES. 1908. Un volume grand in-8 de 305 pages, avec 5 cartes, 8 portraits et 8 photogravures, broché . . . . . . . **7 fr. 50**

**Récits sur la dernière guerre franco-allemande** (du 17 juillet 1870 au 10 février 1871). *Wissembourg, Frœschwiller (Reichshoffen ou Wœrth), Sedan, Siège de Paris,* par C. SARRAZIN, ancien médecin en chef de l'ambulance de la 1re division du 18e corps. 3e édition. 1887. Un volume in-12, br. **3 fr. 50**

**Impressions de campagne (1870-1871).** *Siège de Strasbourg, Campagne de la Loire, Campagne de l'Est,* par H. BEAUNIS, ancien médecin en chef de l'ambulance de la 1re division du 18e corps, etc. 1887. Un volume in-12, broché . . . . . . . . . . . . . . . . **3 fr. 50**

**Le Traité de Francfort.** *Étude d'histoire diplomatique et de droit international,* par Gaston MAY, professeur à l'Université de Paris. (Ouvrage récompensé par l'Académie des Sciences morales et politiques.) 1910. Un volume in-8 de 360 pages, avec 3 cartes dans le texte, broché . . . . **6 fr.**

**La Lutte pour le français en Lorraine avant 1870.** *Étude sur la propagation de la langue française dans les départements de la Meurthe et de la Moselle,* par Gaston MAY, professeur à l'Université de Paris. 1912. Un volume grand in-8, avec une carte, broché . . . . . . . . **4 fr. 50**

**Les Origines de la Guerre de 1870.** *La Candidature Hohenzollern, 1868-1870,* par Pierre LEHAUTCOURT (général PALAT). 1912. Un volume in-8 de 679 pages, broché . . . . . . . . . . . . . **7 fr. 50**

www.ingramcontent.com/pod-product-compliance
Lightning Source LLC
Chambersburg PA
CBHW062234180426
43200CB00035B/1729